D1694076

That`s me **Vera Laros**

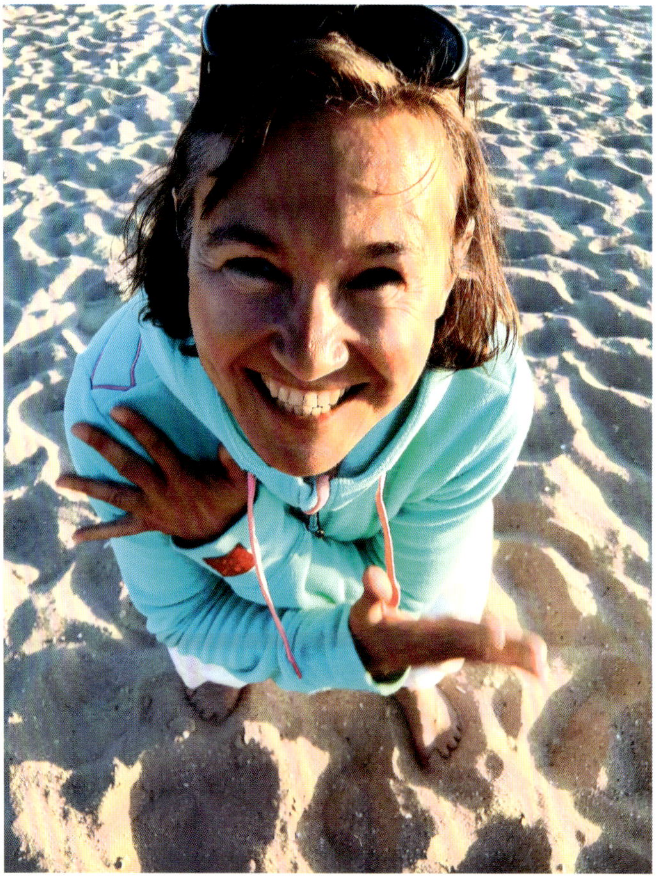

That's me
Vera Laros

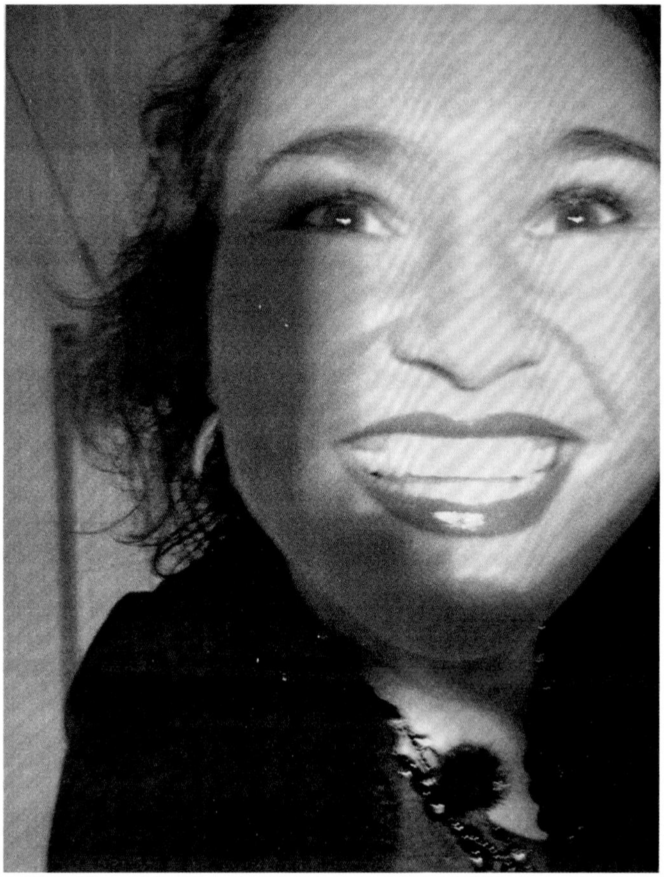

7	**Vorwort**
	Brunhilde Moll
12	**Ich will! Ich will malen**
	Barbara Korell
22	**Frühe Arbeiten**
40	**Die Welt mit weit aufgerissenen Augen abtastend**
	Anke Volkmer
68	**Der eigene Weg – Arbeiten der freien Künstlerin**
114	**Vera Laros „… das riesige, dunkle Meer. Das bin ich …"**
	Gerhard Finckh
148	**Einblicke in Skizzenbücher**
181	**Biografie**
184	**Impressum**

Vorwort

Ich kann mich nicht an einen bestimmten Zeitpunkt erinnern, an dem Vera mir gesagt hätte: „Ich will Malerin werden." Es waren eher leise Hinweise, denen ich entnehmen konnte, dass meine Tochter ihr Leben auf eine neue Weise gestalten wollte. Nach ihrem abgeschlossenen Studium die Betriebswirtschaft als Beruf auszuüben, das schien ihr keine sinnvolle Aussicht zu sein. Vielleicht, weil ihre Seelen-Krankheit sie gelehrt hatte, genauer in sich hineinzuhorchen, sich nicht den Zwängen eines Tagesablaufs in einem Konzern zu unterwerfen. Als Künstlerin konnte sie ihrer eigenen Stimme, ihrem eigenen Kompass folgen.

Vera war ein kreativer Mensch. Schon in der Schule war Kunst ihr Lieblingsfach und handwerklich war sie sehr geschickt. Für ihre Stickereien auf Stoffen und auf Kleidung wurde sie stets bewundert. Und jeden Tag blicke ich auf die kleine Kuh aus Knetgummi mit den lustigen bunten Farbklecksen, die in meinem Wohnzimmer steht. Vera hat sie mit vier Jahren gemacht. Doch das ist eine Arbeit, wie sie viele Kinder machen.

An das erste Mal, als ich ein Gemälde meiner erwachsenen Tochter sah, kann ich mich noch sehr genau erinnern. Es war am 31. Januar 2007. Ich fuhr zu Veras Wohnung, um sie zur Feier des 75sten Jubiläums unseres Unternehmens abzuholen. Vera sagte, ich solle kurz in die Wohnung kommen und ihr helfen, das Porträt ihres Großvaters Adelbert Moll in den Wagen zu tragen. Ich dachte, Vera hätte vielleicht ein altes Foto aufgezogen oder eine kleine Skizze gemacht. Doch das Porträt war eine unglaubliche Überraschung. Mein Vater war nicht nur sehr gut getroffen, sondern Vera hatte ihn mit einer expressiven Farbigkeit aus dem Grau der Geschichte geholt und in unsere Zeit versetzt. Das Gemälde habe ich ans Rednerpult stellen lassen, und es war der heimliche Star der Feier. An jenem Abend wurde mir klar, was für eine enorme Begabung meine Tochter hatte. Und so habe ich Veras Wunsch, als Künstlerin zu arbeiten, immer unterstützt.

Doch Vera war sehr scheu, wenn es um ihre Kunst ging. Sie sprach kaum über ihre Werke. Auch ihr Atelier habe ich nie besucht. Sie wollte diesen Ort ganz für sich. Es sollte der Platz sein, an dem sie in ihr Inneres eintauchen konnte, um ihre Welt der Bilder auf die Leinwand zu übertragen. Die Wesen und Figuren, die Vera auf ihren Gemälden und Aquarellen inszeniert, sind – so glaube ich – Ausdruck einer tiefen Auseinandersetzung mit ihrer eigenen Seele.

Oft werde ich gefragt, welche Bilder mir am besten gefallen. Es sind die Aquarelle mit Landschaften und Pflanzen. Sie haben für mich etwas Beruhigendes, vielleicht weil ich glaube, dass es auch in Veras schwierigem Leben immer wieder Momente gab, in denen sie ein bisschen Frieden spürte.

Ich bin überzeugt, dass Vera als Malerin eine vielversprechende Zukunft gehabt hätte. Ihre Bilder, die sie in rund zwanzig Jahren geschaffen hat, geben darüber Auskunft. Dieser Katalog soll dazu beitragen, Veras Werk zu würdigen. Er soll helfen, der Kunst meiner Tochter die Aufmerksamkeit zu geben, die sie verdient hat. Vera, da bin ich sicher, hätte das gefallen.

Brunhilde Moll

Vera Laros mit Großvater Adelbert Moll (Foto: Privat)

Porträt Adelbert Moll, Acryl auf Leinwand, 60 x 40 cm, LW180

Atelieransicht

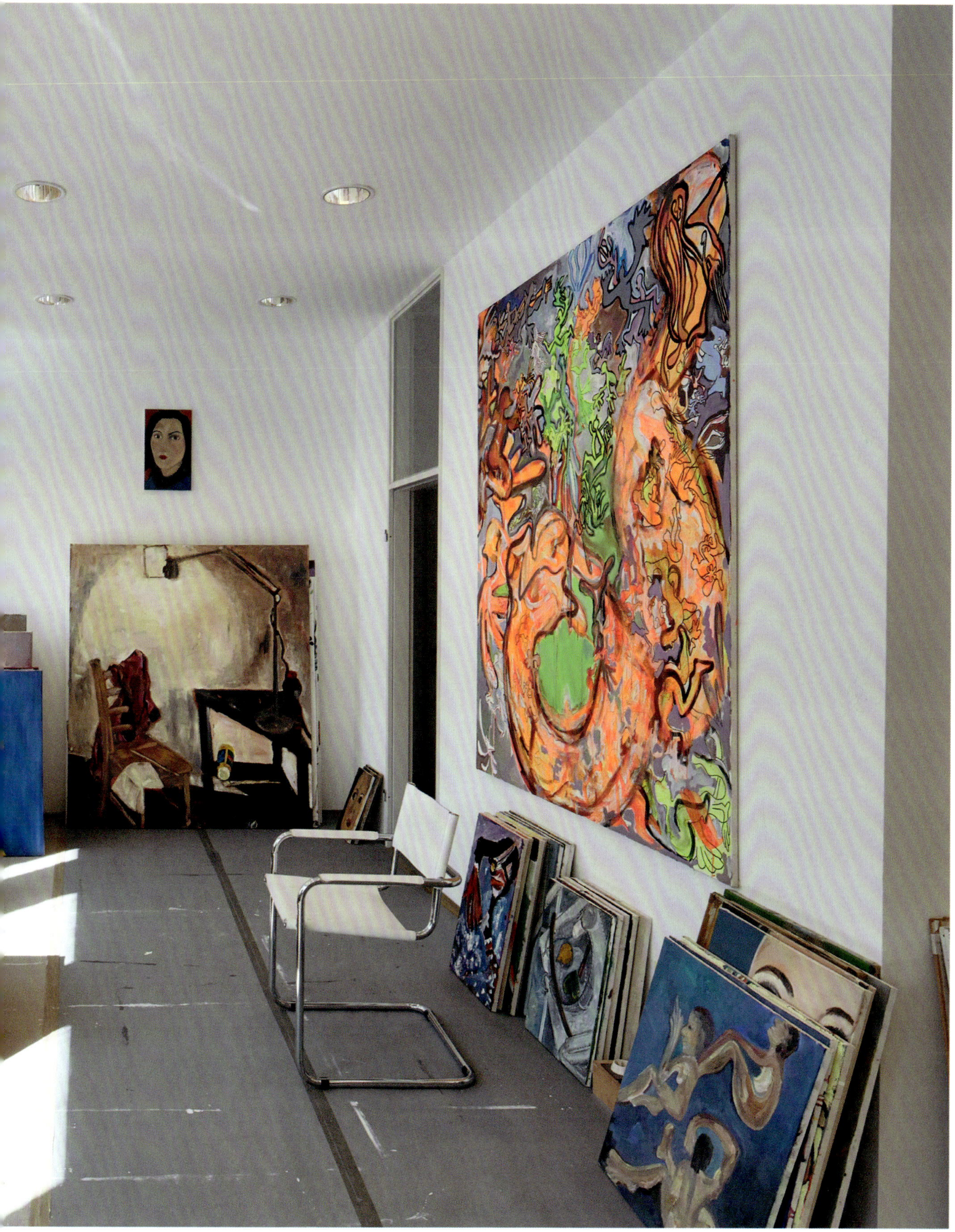

1 Acryl auf Leinwand, 60 x 80 cm, LW045

4 Acryl auf Leinwand, 70 x 50 cm, LW037

3 Aquarell auf Papier, 80 x 60 cm, A054

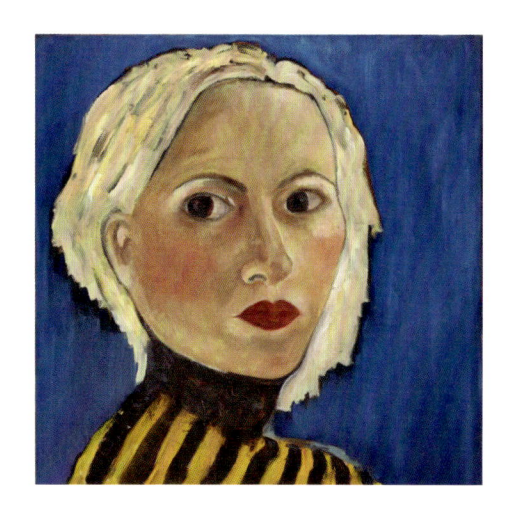

2 Acryl auf Leinwand, 100 x 100 cm, LW019

5 Vera Laros (l.) und Barbara Korell (r.), verschiedene Materialien auf Papier, 150 x 230 cm, P03

Ich will? Ich will malen!

1 Vera und ich sind uns 2003 in der Kunstakademie bei Veit Stratmann zum ersten Mal begegnet – damals noch in Essen. Nach dem Umzug der „Freien Akademie Rhein-Ruhr" nach Krefeld haben wir uns dort regelmäßig im Rahmen der Ausbildung an den Wochenenden getroffen. Wir waren uns auf Anhieb sympathisch und haben uns gleich angefreundet. Unsere erste gemeinsame Aufgabe an der Kunstakademie war damals die Darstellung eines „Stilllebens mit Computerschrott". Wir haben uns alle sehr bemüht, die strengen Anforderungen an der Kunstakademie zu erfüllen.

Für mich war Vera eine sehr schöne, sinnliche Frau.

2 Ich erinnere mich an den Besuch einer Ausstellung 2003 im NRW-Forum Düsseldorf, wo Helmut Newtons Fotos uns in eine Diskussion über „Schönheit" brachten. Das implizierte das Thema „Schminke – Natur / Verstecken – Offenlegen" wo wir unterschiedlicher Meinung waren und verschiedene Blickwinkel zusammenbrachten. Eine große Stärke Veras war ihr Sinn für Mode, für Ästhetik – darin war sie ganz entschieden individuell. Das konnte sie auch handwerklich sehr geschickt umsetzen – zum Beispiel bei der Perlenstickerei auf Stoffen. Diese Individualität und die Möglichkeit des Ausdrucks schätzte ich an Vera. Einmal kamen wir im Medienhafen nach einem Kinobesuch wieder auf die Straße und begegneten mehreren Business-Leuten in adrettem Kostüm beziehungsweise schwarzen Anzügen mit Krawatte. Vera sagte dazu: „So habe ich auch einmal ausgesehen." Damit spielte sie auf ihre berufliche Zeit als BWL-Absolventin an, in der sie sich eher nicht wohl fühlte.

3 Auch die Aquarelle, die wir im Rahmen der Akademie in einer kleinen Gruppe zur Erforschung und Vertiefung verschiedener Techniken erstellt haben, zeigen für mich Veras Auseinandersetzung mit Schönheit und Vergänglichkeit. Einige Zeit haben Vera und ich gemeinsam in ihrem Atelier in der Adlerstrasse in Düsseldorf gemalt. Ich glaube, das war etwas Besonderes, dass sie so offen auf mich zukam. Am Arbeitsplatz war Vera unheimlich korrekt. Die Pinsel mussten alle in Ordnung sein. Die Leinwände wurden selbst gebaut.

4 Sehr berührt mich heute noch Veras Bild mit dem Blick aus dem Atelier auf den angrenzenden Innenhof, das damals in der gemeinsamen Zeit entstand. Es wirkt auf den ersten Blick wie ein „Gefängnishof" – doch die Pflanze in der Ecke reckt sich ganz hoch und versucht herauszukommen …

Vera links und Barbara rechts

5 Ein großes gemeinsames Bild ist damals aus einer Laune heraus auf einer grossen Pappe entstanden. Wir beide malten aufeinander zu (Vera von links und ich von rechts). Vera entwickelte Farbflächen mit Ornamenten, die mich an die Aborigines in Australien erinnern, während ich mit Phantasiefiguren antwortete. Der Prozess des gemeinsamen Malens wurde aber zunehmend anstrengend. Das Bild wurde auf Veras Seite immer dichter und anstelle eines gemeinsamen Bildes ergab sich eine Zweiteilung. Vera konnte nicht im „gemeinsamen Dialog auf einem Blatt" ihre Bildsprache zeigen.

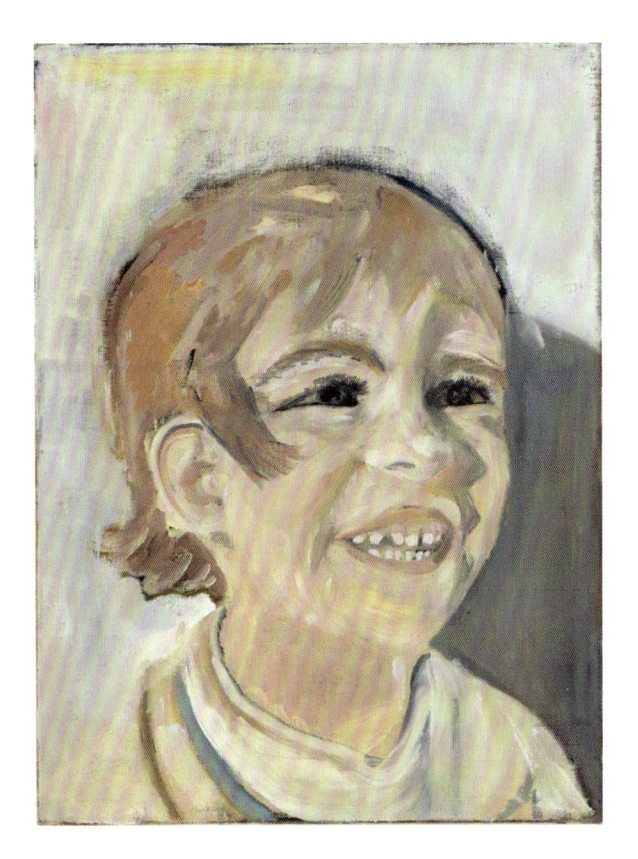

Acryl auf Leinwand, 60 x 40 cm, LW146

Eine Zeitlang war Veras Familie ihr Motiv, sie selbst als Kind, der geliebte Opa … Es entstanden viele Selbstporträts auf der Suche nach Identität.

Immer wieder habe ich sie erlebt mit dem Bedürfnis nach festen familiären Strukturen und ihre gleichzeitige Zerrissenheit. Sehnsüchtig meinte sie einmal zu mir und meiner Familie: „Ihr habt alle den gleichen Nachnamen." Spürbar war der Konflikt des Haltsuchens in der Familie und gleichzeitig auch die Tendenz, sich davon zu befreien …

Angesprochen hat mich an Vera

**das Kraftvolle, das Tiefe
das Ernste, das Lustige
das Streitsame, das Fürsorgliche.**

Andererseits war sie auch fordernd, keine Ruhe gebend, auf der Suche nach Klarheit, den Dingen auf den Grund gehend. Das machte die Begegnungen häufig anstrengend. Vera war sehr sensibel und einfühlsam und konnte im anderen Augenblick kämpferisch alles auf den Kopf stellen. Aber ich habe an Vera die immense Fähigkeit bewundert, immer wieder ihre Erkrankung anzunehmen und weiterzugehen.

Die Fähigkeit zu Überleben, die hatte sie, was aber sicherlich sehr viel Kraft gekostet hat.

Zwei Texte im Nachlass von Vera verdeutlichen sehr gut, was sie mit dem Malen verbunden hat und wie sie ihre Situation erlebte (S.16-18). Es ist berührend und erstaunlich zugleich, wie klar Vera hier ihre Gefühle sprachlich ausdrücken konnte. Das ist sehr hilfreich für das Verstehen von Vera und ihren Bildern, sodass ich die beiden handschriftlich aufgeführten Texte von ihr noch einmal aufgreifen möchte. Eine ganz wesentliche Frage muss aber letztendlich unbeantwortet bleiben: Was wollte Vera mit Ihren Bildern? Ist es in ihrem Sinne, einen Katalog, eine Ausstellung damit zu gestalten? Wir wissen es nicht genau. Die Bilder und das Malen waren für Vera sicherlich an erster Stelle Selbstausdruck und „Arbeit". Das hat ihr Sinn gegeben. Da hatte Vera eine große Ausdauer und Disziplin.

Ich werde Vera, wie sie mutig ihr Universum gestaltet und auf der Leinwand bewahrt, in meinem Herzen behalten.

Barbara Korell

Acryl auf Leinwand, 70 x 50 cm, LW046

Gutes Gespräch mit Veit.
Alles ist stimmig und paßt von hinten
Entwicklungen stellen im Vordergrund und lösen sich ab.
Das Malen verändert sich, weiß ich und meine Bedürfnisse
sich verändern.
Konstanz
Struktur
Wiederholung
Aufgabenstellung → Durchdressen → Resultat
⇒ Kontrolle über mich und die Arbeit
⇒ Demonstration, daß ich etwas kann, z.B.
   ein gutes, vorzeigbares Resultat erzielen kann
⇒ lebendigkeit spiegelt sich in Farben, dennoch
   halten die Bilder den Betrachter auf Distanz.
   Sie sind mein "Schutzschild" her seht... aber
   laßt mich in Ruhe. Ich gebe euch nichts von
   mir. Perfektion. Glattheit. Keine Geheimnisse
   zu enträtseln. Basta. Ich gebe nichts
   Bilder als Oberfläche.
Darunter ist das riesige, dunkle Meer. Das bin
ich. Aber ich lasse euch nicht an mich ran.
Ich kann jede Aufgabenstellung bearbeiten.
Seht her. Afrika, Papst, Familie, Stilleben -
die waren schon etwas anders. Aber wurden in
ihrer Offenheit schon schnell von den in sich
geschlossenen Bildern abgelöst. Kiste zu, Sack zu.
Sie haben mir Halt und Struktur gegeben.
Mein Leben nach außen geordnet, gesellschafts-
fähig. Nach innen: Chaos. Verzweifelte Versuche
dieses zu Ordnen. Viele Zwänge. Viele Vor-
gaben. Wenig Individualität. Viel Ehrgeiz
Viel Anstrengung. Kampf gegen alles und
jeden. Unsicherheiten. Fragen. Ängste. Alleinsein.
Isolation. Langeweile. Unausgefüllt sein.
Suche nach dem Ich, nach Sinn, nach Liebe,
Wärme und Geborgenheit. Sicherheit. Stärke
Eigenständigkeit. Zugehörigkeit. Vertrauen.
Austausch. Kommunikation. Angenommen
sein. Vertrautheit. Ruhe. Frieden. Liebevollen
Umgang. Antworten.

Gutes Gespräch mit Veit.

Alles ist stimmig und passt vom Timing.
Entwicklungen stehen im Vordergrund und lösen sich ab. Das Malen verändert sich, weil ich und meine Bedürfnisse sich verändern.
Konstanz
Stringenz
Wiederholung
Aufgabenstellung → *Durchkreuzen* → Resultat
→ Kontrolle über mich und die Arbeit
→ Demonstration, daß ich etwas kann bzw. ein gutes, vorzeigbares
   Ergebnis erzielen kann
→ Lebendigkeit spiegelt sich in Farben, dennoch halten die Bilder
   den Betrachter auf Distanz.
Sie sind mein Schutzschild „hier seht … – aber lasst <u>mich</u> in Ruhe". Ich gebe Euch nichts von mir. Perfektion. Glattheit. Keine Geheimnisse zu enträtseln. Basta.
Ich gebe nichts. Bilder als Oberfläche.
Darunter ist das riesige, dunkle Meer. Das bin ich. Aber ich lasse Euch nicht an mich ran. Ich kann jede Aufgabenstellung bearbeiten. Seht her. Afrika, Papst, Familie, Stillleben – die waren schon etwas anders. Aber wurden in ihrer Offenheit schon schnell von den in sich geschlossenen Bildern abgelöst. Kiste zu. Sack zu. Sie haben mir Halt und Struktur gegeben. Mein Leben nach außen geordnet, gesellschaftsfähig. Nach innen: Chaos. Verzweifelte Versuche dieses zu ordnen. Viele Zwänge. Viele Vorgaben. Wenig Individualität. Viel Ehrgeiz. Viel Anstrengung. Kampf gegen alles und jeden. Unsicherheiten. Fragen. Ängste. Alleinsein. Isolation. Langeweile. Unausgefülltsein. Suche nach dem Ich, nach Sinn, nach Liebe, Wärme und Geborgenheit. Sicherheit. Struktur. Ganzheitlichkeit. Zugehörigkeit. Vertrauen. Austausch. Kommunikation. Angenommen sein. Vertrautheit. Ruhe. Frieden. Liebevollen Umgang. Antworten.

Abschrift handschriftlicher Notizen von Vera Laros.
Kursiv markierte Worte konnten nicht einwandfrei entziffert werden.

Ich mag es wenn Bilder schwer und dicht sind. Komprimiert, düster und schwer vom Material. Das Leichte, helle und unbeschwerte, ist nicht mein Fall. Andere können und mögen so malen ich nicht. Ich muss gegen etwas anmalen. Widerstand. Am besten so stark, dass ich kaum dagegen ankomme. Bilder müssen in sich eine Tiefe haben. Wie tiefe Seen. Die alles - Schicht um Schicht - verbergen. Malen in Runden. Damit sich alles enger und enger um das Objekt schlingt, wie eine Schlinge, die ich am Ende zuziehe. Bis ich "es" am Wickel habe. Bis ich "es" gefunden habe. Bis ich "es" erdolchen kann. Das Malen gleicht einer Suche. Einer Hetzjagd. Das Gebiet ist die Leinwand. Aber wo haben "sie" sich versteckt? Wo finde ich "sie"? Die Erkenntnisse. Die Ah's. Die Weh's. Finde ich "es" oder auch "sie" überhaupt??? Ich kämpfe gegen etwas Unsichtbares, Unfassbares an. Aber ich werde es finden. Immer. Das ist mein Gesetz des Überlebens. Ich kann nicht aufgeben. Ich kann nicht aufstehen. Sagen ich schaffe es nicht. Schwer. Das Ziel ist nicht klar, dennoch weiß ich. ich werde es finden. Koste es was es wolle. So bin ich. Leider. Zum Glück. Nur an Problemen kann ich wachsen. Die leichten Dinge sind schnell zu erreichen. Aber ich werde schon besser darin. Damit meine ich nicht Glück haben. Ich habe soo viel Glück - bereits gehabt. Denn ich bin noch da. Und ich will MALEN.

Ich mag es, wenn Bilder schwer und dicht sind. Komprimiert, düster und schwer vom Material. Das Leichte, Helle und Unbeschwerte ist nicht mein Fall. Andere können und mögen so malen, ich nicht. Ich muß gegen etwas anmalen. Widerstand. Am besten so stark, daß ich kaum dagegen ankomme. Bilder müssen in sich eine Tiefe haben. Wie tiefe Seen. Die alles – Schicht um Schicht – verbergen. Malen in Runden. Damit sich alles enger und enger um das Objekt schließt, wie eine Schlinge, die ich am Ende zuziehe. Bis ich ›es‹ am Wickel habe. Bis ich ›es‹ gefunden habe. Bis ich ›es‹ erdolchen kann. Das Malen gleicht einer Suche. Einer Hetzjagd. Das Gebiet ist die Leinwand. Aber wo haben ›sie‹ sich versteckt? Wo finde ich ›sie‹? Die Erkenntnisse. Die Oh´s. Die Weh´s. Finde ich ›es‹ oder auch ›sie‹ überhaupt??? Ich kämpfe gegen etwas Unsichtbares, Unfassbares an. Aber ich werde es finden. Immer. Das ist mein Gesetz des Überlebens. Ich kann nicht aufgeben. Ich kann nicht *aufstecken*. Sagen, ich schaffe es nicht. Schwer: das Ziel ist nicht klar, dennoch weiß ich, ich werde es finden. Koste es, was es wolle. So bin ich. Leider. Zum Glück. Nur an Problemen kann ich wachsen. Die leichten Dinge sind schwer zu ertragen. Aber ich werde schon besser darin. Damit meine ich nicht Glück haben. Ich habe soo viel Glück – bereits gehabt. Denn ich bin noch da. Und <u>ich will MALEN</u>.

Abschrift handschriftlicher Notizen von Vera Laros.
Kursiv markierte Worte konnten nicht einwandfrei entziffert werden.

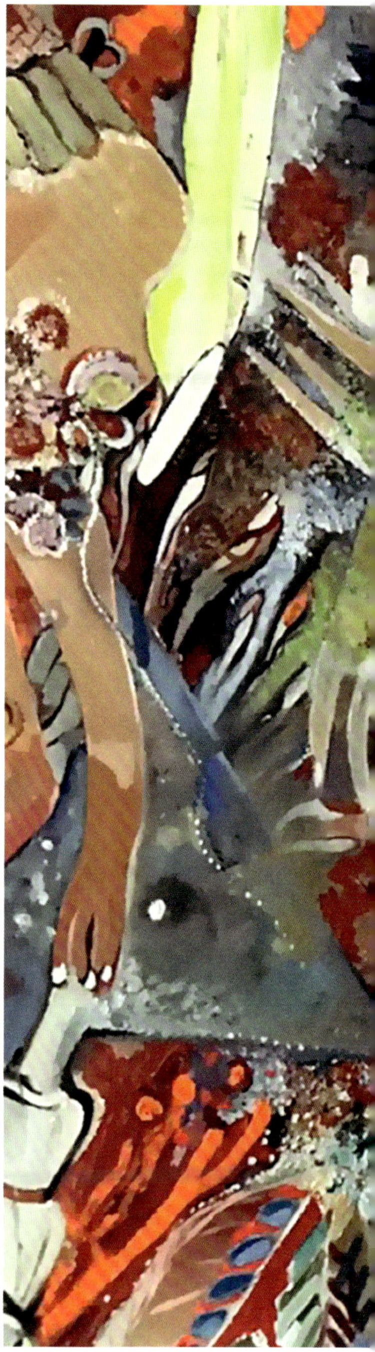

Vera Laros vor unvollendetem Triptychon, Berlin, 2012. (Foto: 2018, Privat)

Acryl auf Leinwand, 40 x 50 cm, LW060

Acryl auf Leinwand, 150 x 140 cm, LW014

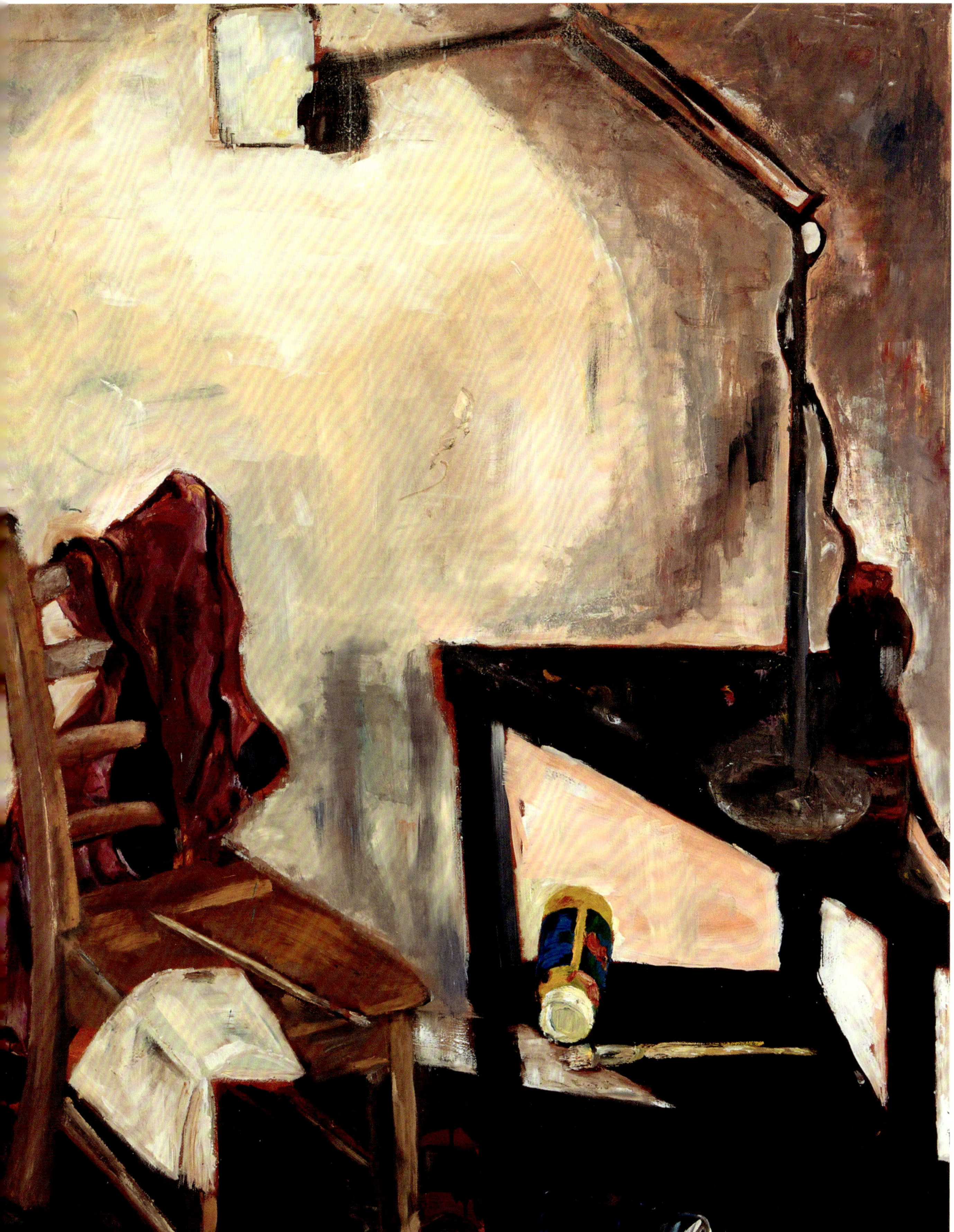

Acryl auf Leinwand, 60 x 70 cm, LW052

Acryl auf Leinwand, 60 x 80 cm, LW043

Acryl auf Leinwand, 50 x 40 cm, LW055

Acryl auf Leinwand, 70 x 60 cm, LW036

Acryl auf Leinwand, 55 x 45 cm, LW038

Acryl auf Leinwand, 70 x 50 cm, LW037

Acryl auf Leinwand, 55 x 45 cm, LW039

Acryl auf Karton, 32 x 25 cm, LWK011

Acryl auf Karton, 32 x 25 cm, LWK003

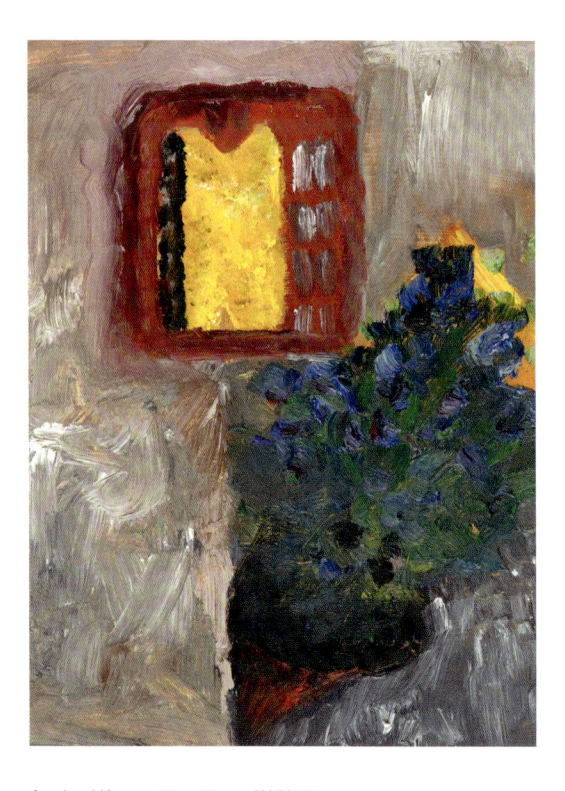

Acryl auf Karton, 32 x 25 cm, LWK006

Acryl auf Karton, 32 x 25 cm, LWK004

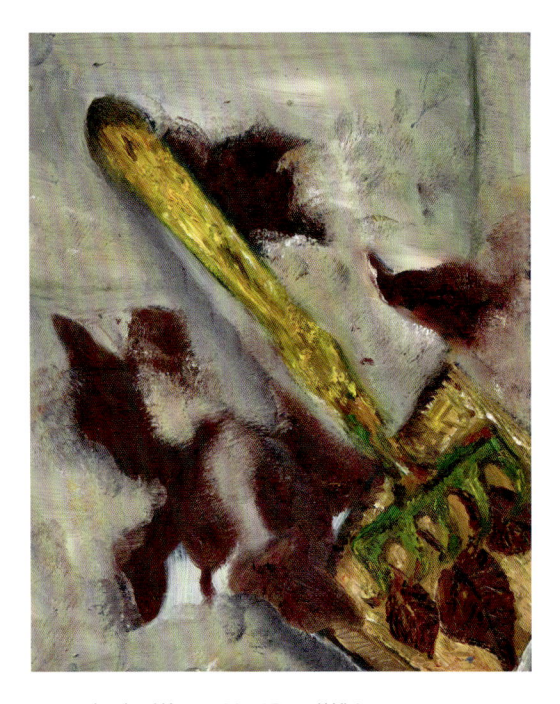

Acryl auf Karton, 32 x 25 cm, LWL004

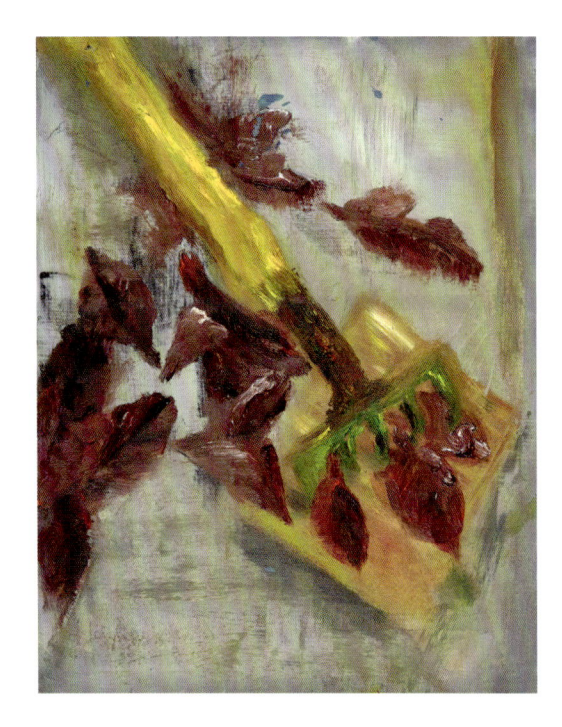

Acryl auf Karton, 32 x 25 cm, LWL006

Acryl auf Karton, 32 x 23 cm, LWL005

Acryl auf Karton, 32 x 23 cm, LWK003

Acryl auf Leinwand, 100 x 100 cm, LW020

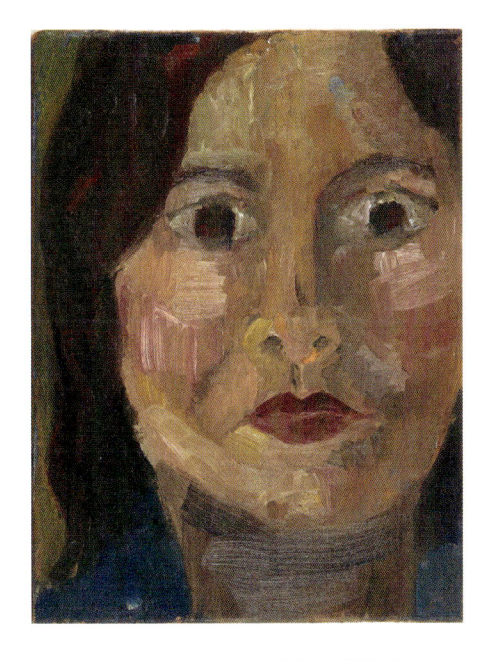

Acryl auf Leinwand, 40 x 30 cm, LW069, LW070

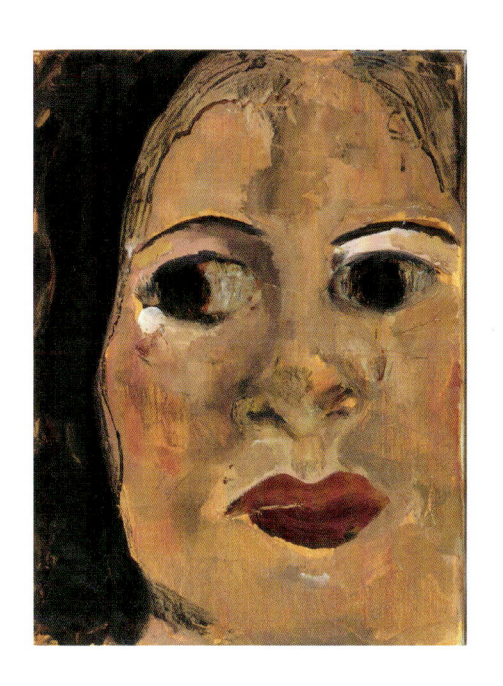

Acryl auf Leinwand, 50 x 30 cm, LW066

Acryl auf Leinwand, 100 x 100 cm, LW167

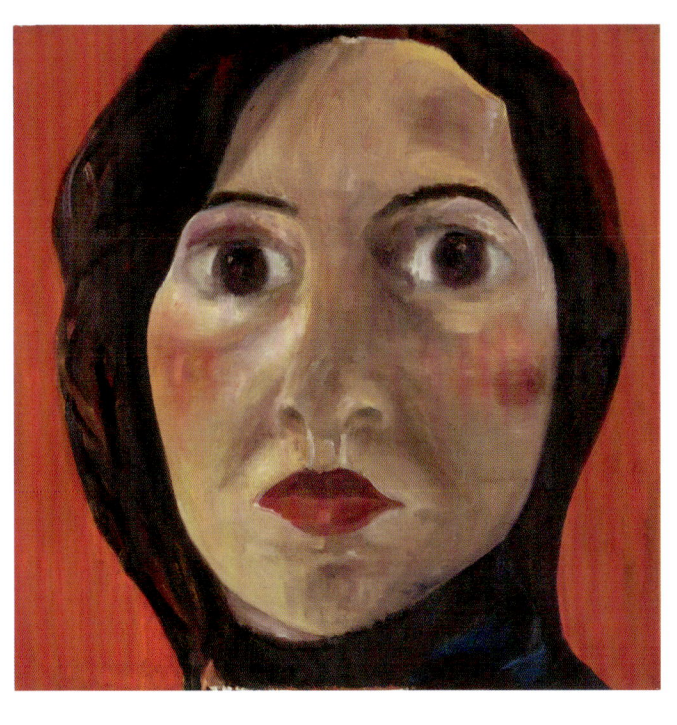

Acryl auf Leinwand, 100 x 100 cm, LW25

Acryl auf Leinwand, 100 x 100 cm, LW019

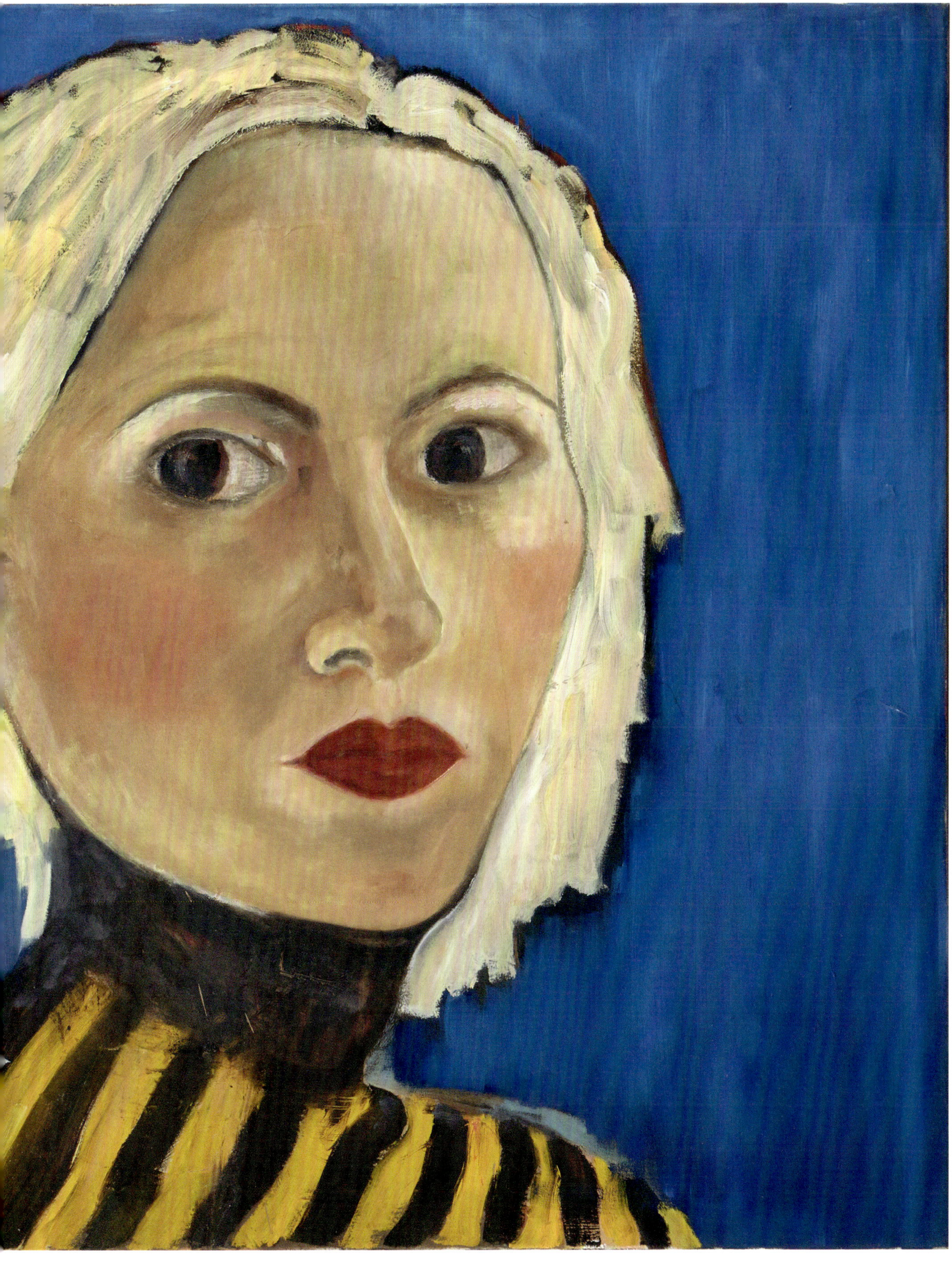

Farbstift, Kreide und Acryl auf Papier, 150 x 350 cm, P01

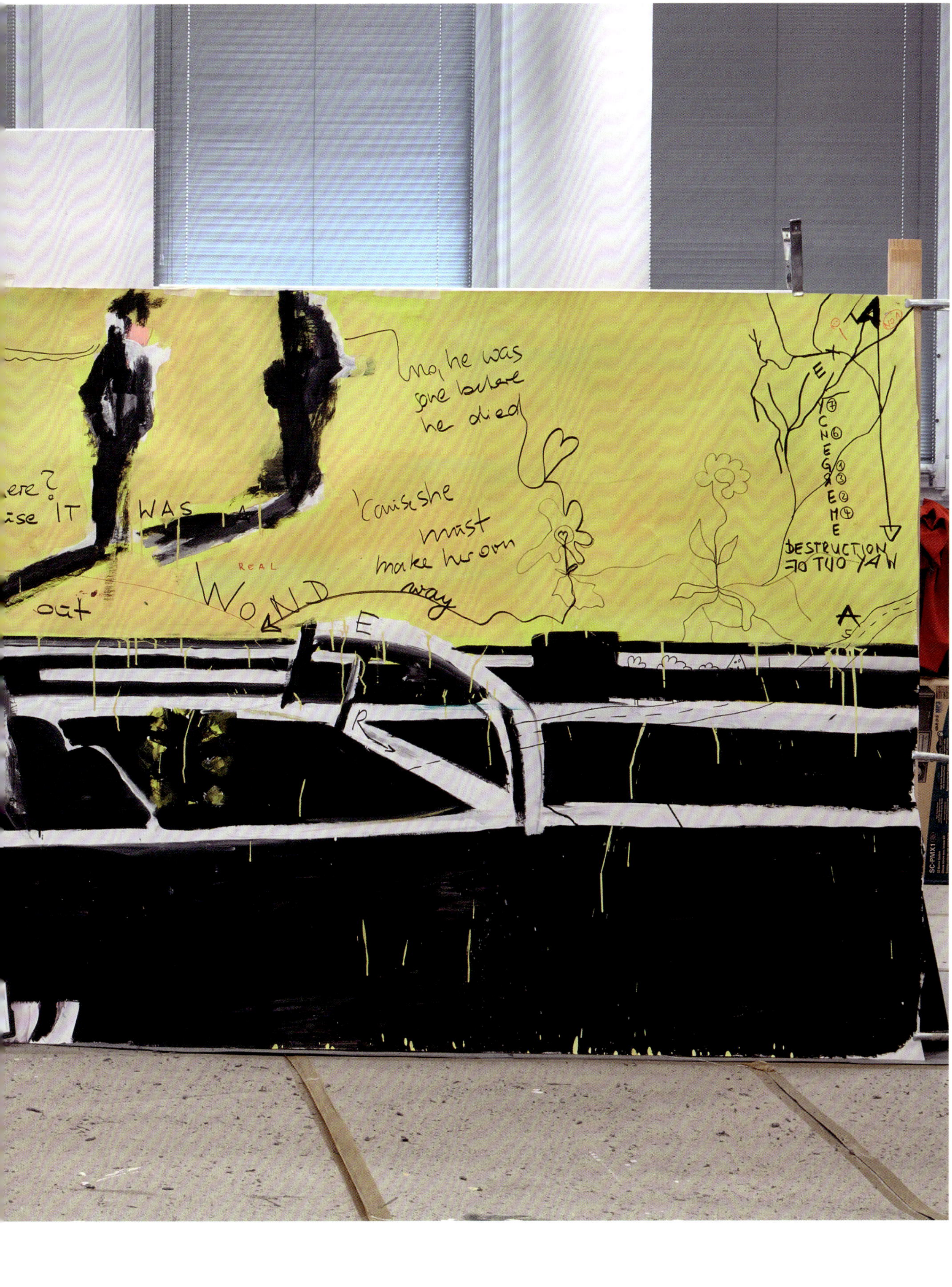
IT
WAS
'cause she
must
make her own
way
REAL
out
DESTRUCTION

Die Welt mit weit aufgerissenen Augen abtastend

Atelieransicht

Ein Raum für sich allein: Das Atelier

Wie nähert sich man dem Werk und der Persönlichkeit einer früh aus dem Leben geschiedenen Künstlerin, die die Öffentlichkeit stets weitgehend gemieden hat? Vera Laros (1967-2018) hat ein Konvolut von Gemälden, Aquarellen, Skizzenbüchern und -blöcken zurückgelassen. Sie hinterlässt auch einen einzigartigen Ort, einen Ort ganz für sie allein: ihr Atelier. Es beherbergt das bis dato weitgehend zusammenhängende, erst einmal öffentlich ausgestellte[1] und nur ausgewählten Kollegen und Vertrauten bekannte Œuvre. Wie oft mag sie sich hier im stummen Selbstgespräch kritisch mit ihrer Arbeit auseinandergesetzt haben, mit ihrem Anspruch an sich selbst, an die Welt, an ihr Leben? Mit ihrem inneren Manifest, das sie in einem Skizzenbucheintrag für sich selbst formuliert hat: ICH WILL MALEN!

1 Vera Laros. Malerei. „Das Malen gleicht einer Suche".
  Eine Retrospektive. Kunstverein Region Heinsberg, 4.10. – 25.10.2020

Die Welt mit weit aufgerissenen Augen abtastend: Porträts

Vera Laros hat ihre Kreativität in mehreren malerischen und grafischen Genres, die im Folgenden exemplarisch vorgestellt werden sollen, erprobt. Das Selbstporträt gilt in der Kunst als Spiegel der Seele. Charakteristisch für ihre Selbstdarstellungen sind besonders die ikonenhaft übergroßen Augen und der neutrale, stark farbige Hintergrund des in Format und Ästhetik dem Passbild entlehnten Selbstbildnisses. Selbstbewusst trägt sie die modisch blondierte Frisur, die knallroten Lippen des sorgfältig aufgetragenen Make-ups und den ihren Typ unterstreichenden, ebenfalls stark farbigen Pullover. Diese Frau hat unzweifelhaft ein natürliches Auge für Farben und Formen. Der Tradition des Selbstporträts als Innenschau folgend, schwingt in ihrem Gesichtsausdruck auch eine latente Fragilität und eine Fragestellung an sich und das vor ihr liegende Leben mit.

Die nach Familienfotos entstandenen Bildnisse von sich als lachendes Kind lassen bereits den weiteren Weg zu dem sich entwickelnden zentralen Motivschatz mit einigen sich wiederholenden Elementen erkennen. Da ist zunächst die gebleckte Zahnreihe der Farb- und Tintenstiftzeichnungen, doppeldeutig changierend zwischen Lachen und drohender Abwehr: „That's me". Aber ebenso die dem Betrachter herausgestreckte Zunge, die ihn zurückweist: „I like this better? So: that's me, too!"

Acryl auf Leinwand, 100 x 100 cm, LW167

Acryl auf Leinwand, 80 x 60 cm, LW164

Farbstift auf Papier, 36 x 26 cm, *That`s me* SKB05, 067 *That`s me too!* SKB05, 068

Entwicklung eines Motivkanons: Langfinger

Konsequent entwickelte Vera Laros einen weiteren, immer wieder neu variierten Motivkanon. Das großformatige schwarz-weiße Gemälde *(Alles) Langfinger* (2008) betitelte sie so handschriftlich auf der Gemälderückseite. Diese Signatur stellt eins ihrer raren Selbstzeugnisse dar und ist daher als höchst bedeutsam für ihre Werkgenese zu werten. Eine sich zusammenrollende schwarze Figur mit zu zerfließen scheinenden, tentakelartigen Fingern dominiert das Bildzentrum. Von besonderem Interesse ist zudem die erst auf den zweiten Blick erkennbare weiße Negativaussparung in Gestalt eines Fötus an der Nabelschnur im Mutterleib. Wächst dort eine künstlerische Idee heran? Ein solches Spiel mit sogenannten Kippfiguren – bildlichen Darstellungen, die, je nach Fokussierung des Blicks, ein Bild im Bild ermöglichen – schaffen offene Assoziationsräume. Darüber hinaus erinnert die schwarz-weiße Zentralfigur ohne weitere Binnenmodellierung an Ungeheuer der asiatischen Druckgrafik. An den umlaufenden Bildrändern säumen affektiv miteinander agierende und gestikulierende, grafittihafte Figuren das Geschehen. Dieses Knäuel aufgeregter kleiner Strichmännchen umfasst die zentrale Figur auf allen vier Bildkanten wie ein antiker Bildfries und verleiht der Darstellung so eine narrative Struktur. In einem kleinformatigen Skizzenbuch sind dazu teils neonbunte, umrisshafte Vorzeichnungen entstanden, die bei schnellem

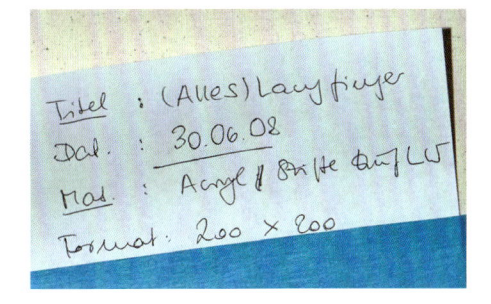

Doppelseite aus dem Skizzenbuch, SKBG094, 047

Pergamon-Altar. Marmor und Kalkstein. Gigantomachy. West-Fries. Doris und ein Riese.
Prisma Archivo / Alamy Stock Foto

(Alles) Langfinger, Acryl, Stifte und Marker auf Leinwand, 200 x 200 cm, LW005

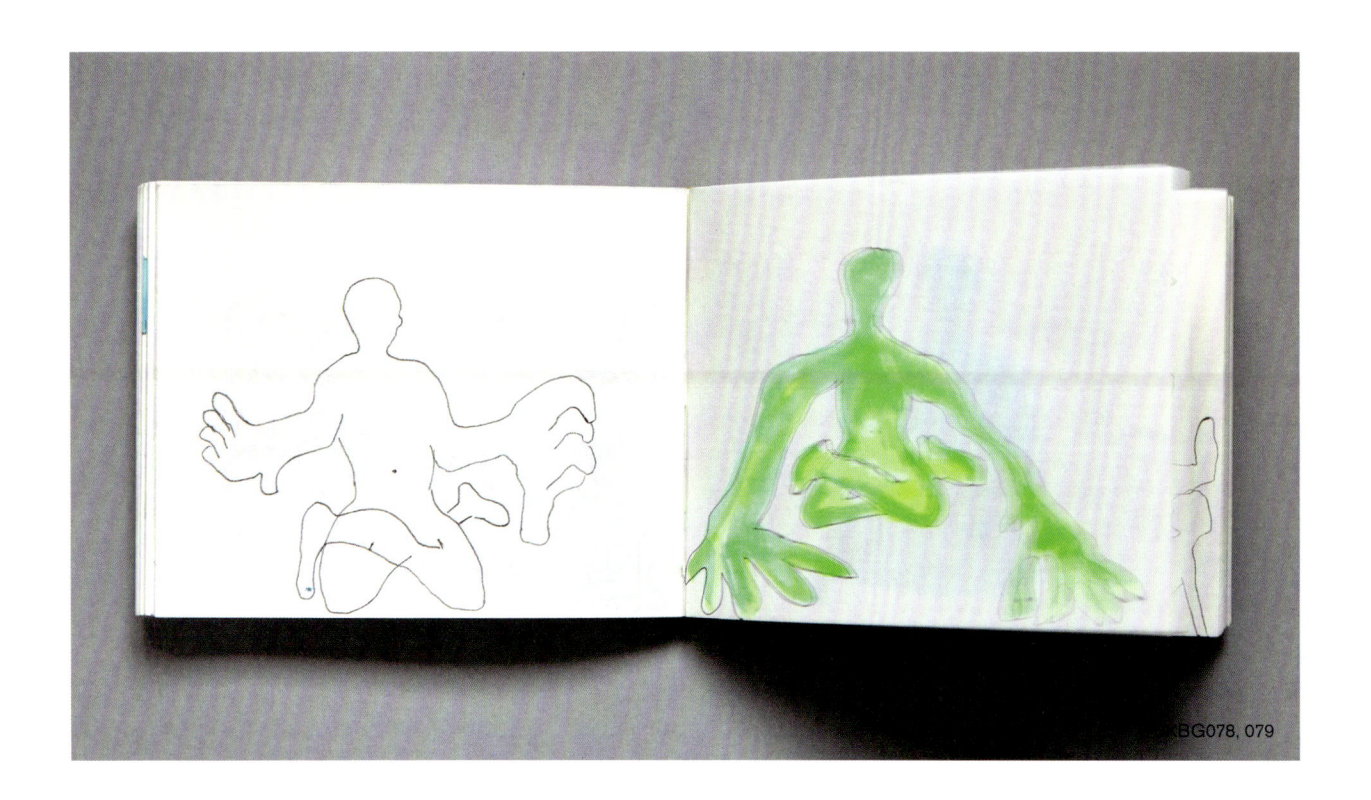

SKBG078, 079

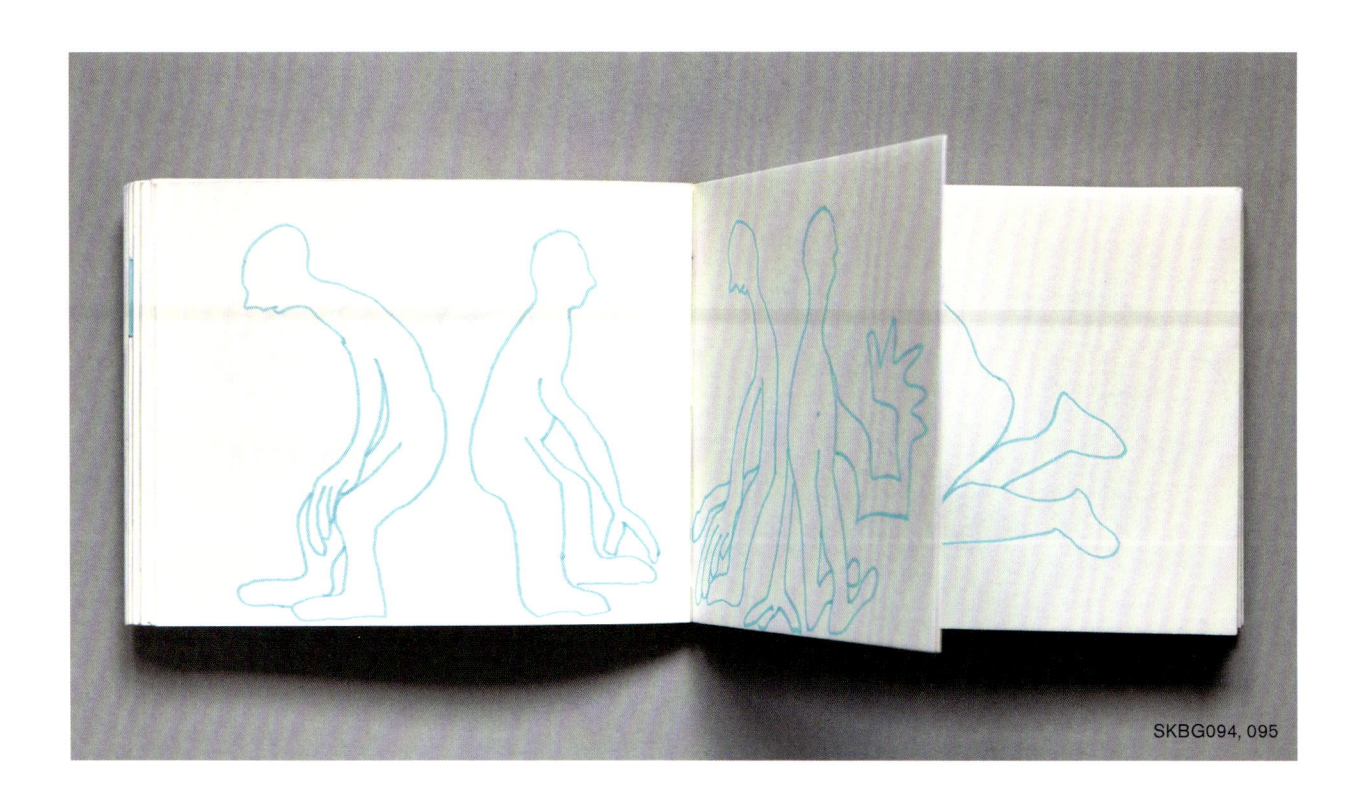

SKBG094, 095

Doppelseiten aus Skizzenbuch, Farb- und Neonstift, 12 x 15 cm

SKBG046, 047

SKBG050, 051

44 | 45

Durchblättern einen fast zeichentrickhaften Charakter, ähnlich einem Daumenkino, aufweisen.

Auch wenn hierzu kein Bildtitel von der Künstlerin überliefert ist, ist es reizvoll, dem Gedanken der Langfinger weiter zu folgen und ihn motivisch zu erweitern. Prägnant stechen die beiden kleinformatigen Gemälde hervor, deren kindhaften weiblichen Figuren statt Armen überlange und übergroße, maniküre Fingernägel gewachsen sind. Man kann behaupten, dass Fingernägel und Füße eine starke Faszination auf die Künstlerin ausübten, durchziehen sie das Werk doch leitmotivisch. Dieses Thema führte die Künstlerin in zwei Versionen aus. Einmal malte sie es schablonenartig ohne Binnenmodellierung, den kleinkindlichen Kopf im Profil dargestellt, den Körper frontal, schwarz konturiert vor hellgelbem Grund, die Füße wie nicht zur Figur gehörend im Stil einer naiven Kinderzeichnung rechtwinklig davorgesetzt. Auch der Darstellungsmodus des Kopfes im Profil, des Körpers hingegen in Frontalansicht, verfolgt diesen archaischen, aus der Kunst Altägyptens bekannten Gestus. Die Figur wirkt leblos, wie ein Schatten ihrer selbst. Beziehungslos, weil unfähig zu greifen, befindet sie sich in einem Vakuum. Eine weitere Version dieses Sujets entstand im Stil der Malerei des Kolorismus. Hier befindet sich die Figur in einer abstrakt-räumlichen Situation mit deutlicher Bezugnahme zur Außenwelt.

Besonders eindrucksvoll wird der Gedanke der überlangen Finger als Engels- oder Ikarusflügel jeweils in Aquarell- und Stiftzeichnungen umgesetzt. Das schlichte Gefieder wird von der Künstlerin als feingliedrige Damenfinger interpretiert. Das hochästhetische und zugleich in nutzloser Schönheit fluguntaugliche Wesen umfängt eine stumme Verzweiflung. Diese vogelartigen, gesichtslosen Mischwesen – in der Mythologie als Chimären bekannt – lassen den Kopf und die Flügelfedern ermattet hängen, anstatt sich stolz emporzuschwingen. In der Pose einer Sphinx, halb Herrscherin, halb mythologische Göttin in Tiergestalt, präsentiert sich eine weitere Langfinger-Figur barbusig und nahezu haarlos dem Betrachter. Vera Laros' Zeichnung weist erneut ihr Interesse an Fabelwesen aus.

Acryl auf Leinwand, 80 x 40 cm, LW062

Acryl auf Leinwand, 80 x 40 cm, LW063

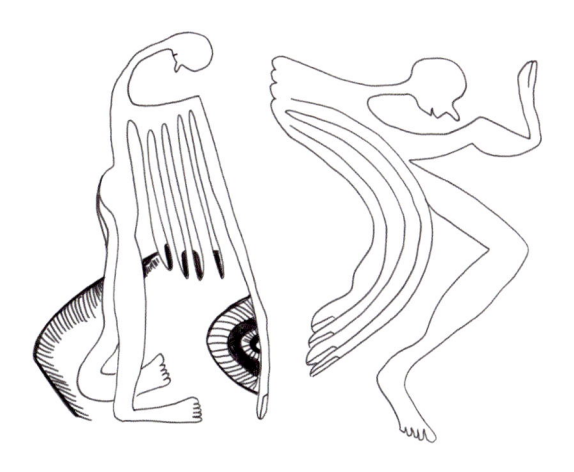

Farbstift auf Papier, 36 x 26 cm, SKB04-106

Aquarell auf Papier, 36 x 26 cm, AB03-043

Farbstift auf Papier, 36 x 26 cm, SKB04-103

Das Doppeldeutige als Stilelement: Vexierbilder

Ein visuelles Verwirrspiel, fachsprachlich als Vexierbild bekannt, das aus verschiedenen Blickwinkeln auch verschiedene Inhalte vermittelt, ist ein ebenfalls wiederkehrendes und vielfach durchdekliniertes Element des Bildvokabulars der Künstlerin. Es ließe sich ebenso von Rhizomen sprechen – Gebilden, bei denen das eine aus dem anderen erwächst. Die Doppeldeutigkeit als Stilelement durchdringt fraglos einen Großteil von Vera Laros' künstlerischem Werk.

Das großformatige, blau dominierte Gemälde illustriert diesen Gedanken vortrefflich. Was sehen wir in diesem Bild? Vermutlich zunächst zwei (oder sogar drei?) einander zugewandte Köpfe im Profil vor türkisblauem Hintergrund. Außerdem stechen neben weiteren Bildelementen erneut das angespannte Lächeln der prägnanten Zähne sowie weitere Nebenakteure am Bildrand hervor. Lässt man den Fokus des Blicks aber wandern und ist man mit der Themenwelt der Künstlerin schon weitgehend vertraut, springt der Hintergrund plötzlich zurück. Er wird zur Nase, und so mutiert das Motiv zu einem raffinierten Porträt.

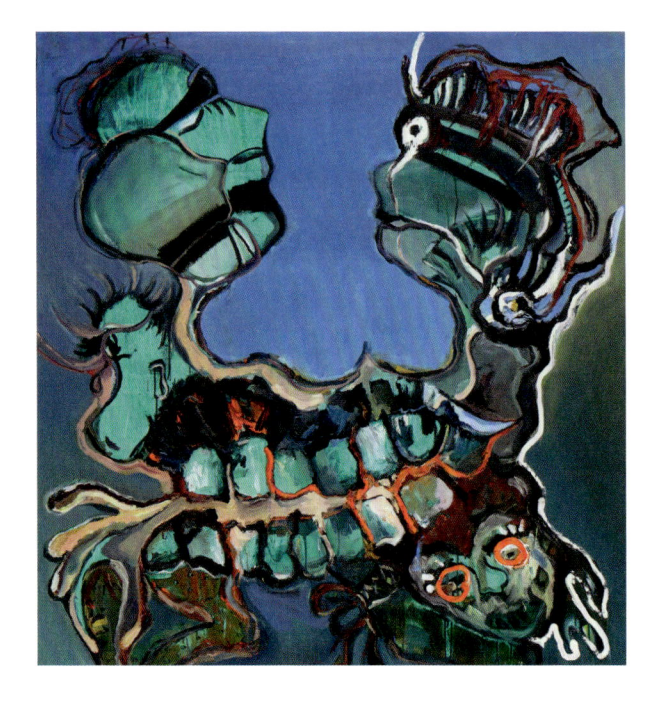

Acryl auf Leinwand, 150 x 140 cm, LW013

Wenzel Hollar (1607-1677) Landschafts-Kopf
Eugen von Philippovich, Kuriositäten/Antiquitäten, p. 23.
Klinkhardt & Biermann 1966, Braunschweig

Acryl auf Leinwand, 64 x 54 cm, LW162

Zeichnungen und Skizzenbücher: Hirngespinste

Die Möglichkeit des spontanen Notats mit dem Zeichenstift wurde von Vera Laros ausgiebig genutzt. So verlieh sie ihren Gedanken eine unmittelbare Form, oft ohne Vorzeichnung.

Das anthropomorphe, also menschenähnliche, Porträt als zentraler Topos erweiterte Vera Laros in einer Vielzahl an Schwarz-Weiß-Zeichnungen in ihren Skizzenbüchern. In den Gesichtern werden Falten und Nasenflügel zu Fingernägeln, liegende Gestalten ahmen Lippen nach, und so weiter. Der Fantasie und Variationsbreite des Bilds im Bild scheinen keine Grenzen gesetzt, alles erwächst aus einem rauschhaften, assoziativen Fluss.

Besonders die zum Teil mit sehr persönlichen Äußerungen und handschriftlichen Kommentaren versehenen Skizzen bieten einen einzigartigen Zugang zur Gedankenwelt der Künstlerin. Zum Teil tragen sie Titel wie *Ein Hirngespänst*, welche die ironischen Überspitzungen dieser konzentrierten Beobachtungen in ihren kondensierten grafischen Darstellungen kommentieren. Durch den direkten und ausgesprochen sicheren Strich sind diese raffinierten Zeichnungen keinesfalls als Entwurfsskizzen zu betrachten, sondern als eigenständige grafische Werke und Werkgruppe innerhalb ihres Œuvres zu werten.

Ein Hirngespänst, Farbstift auf Papier, 36 x 26 cm, SKB04-108

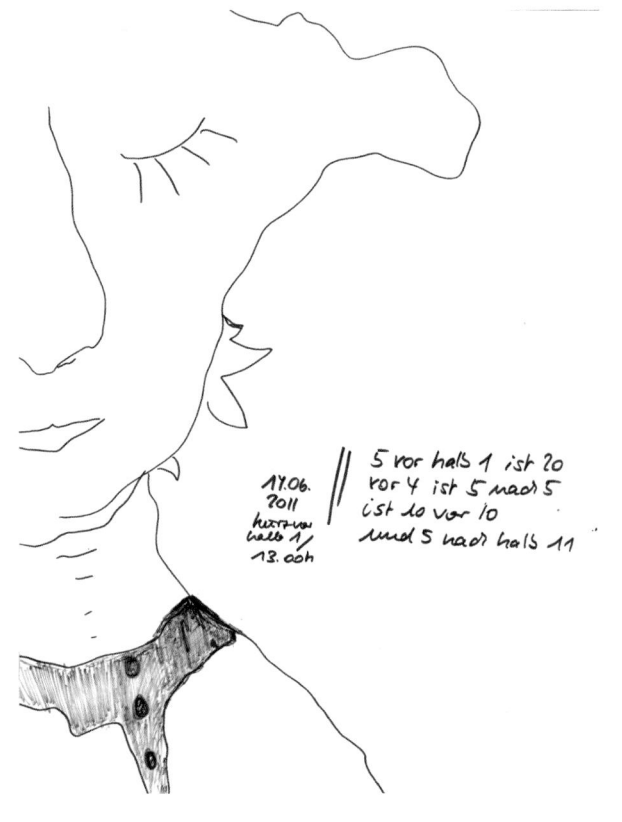

Farbstift auf Papier, 36 x 26 cm, SKB02-087

Farbstift auf Papier, 36 x 26 cm, SB05-031

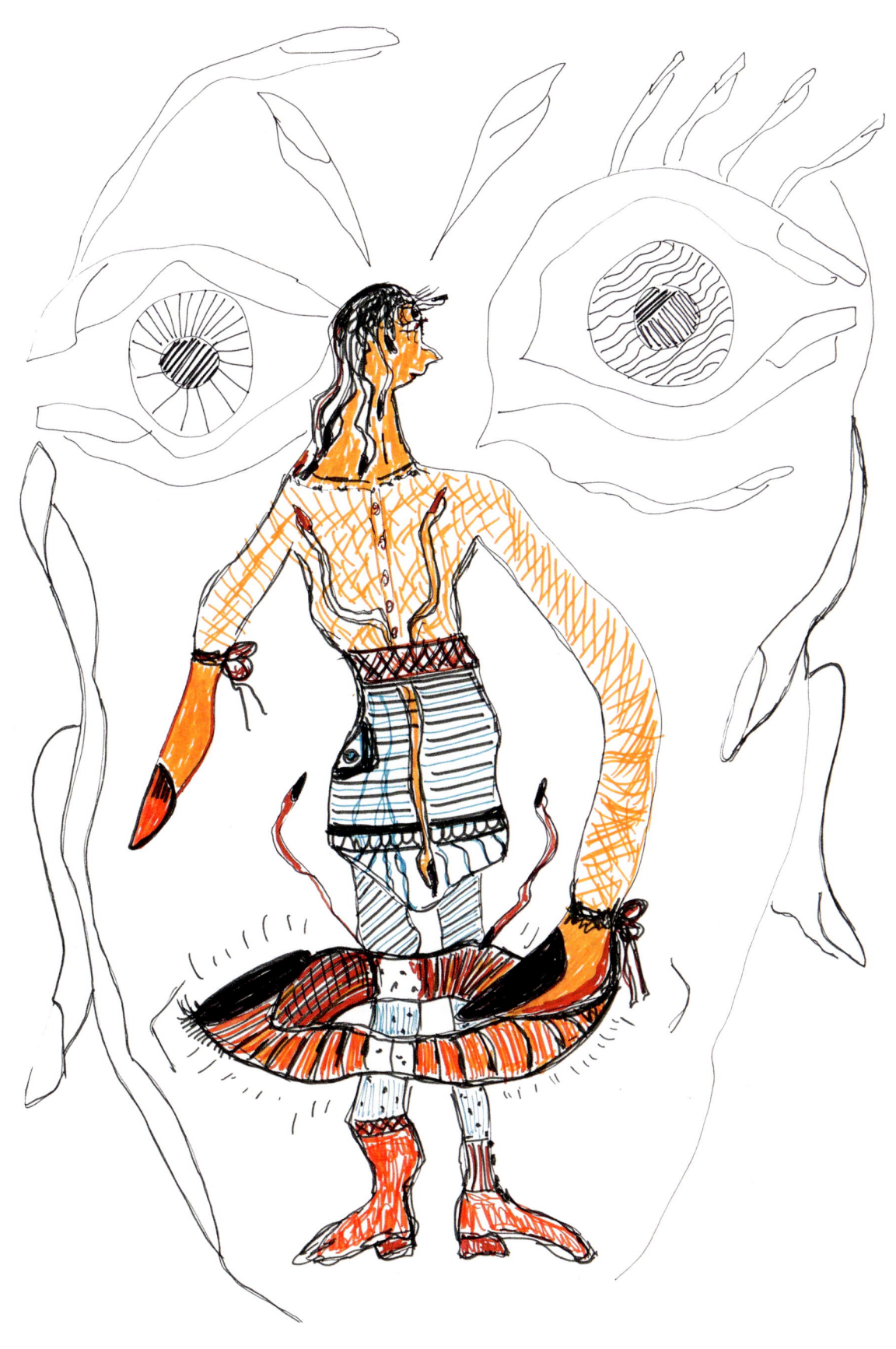

Farbstift auf Papier, 36 x 26 cm, SB05-030

Farbstift auf Papier, 36 x 26 cm, SKB04-116, 117

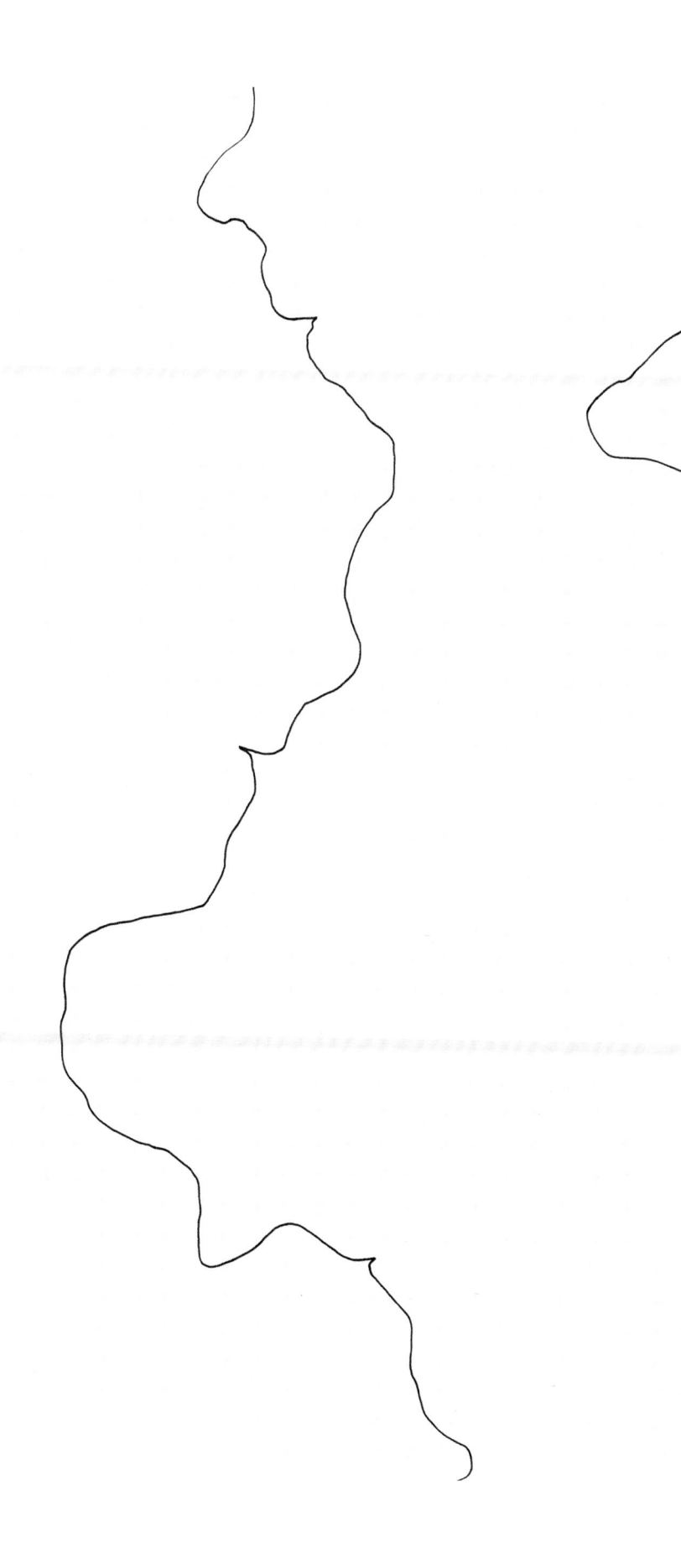

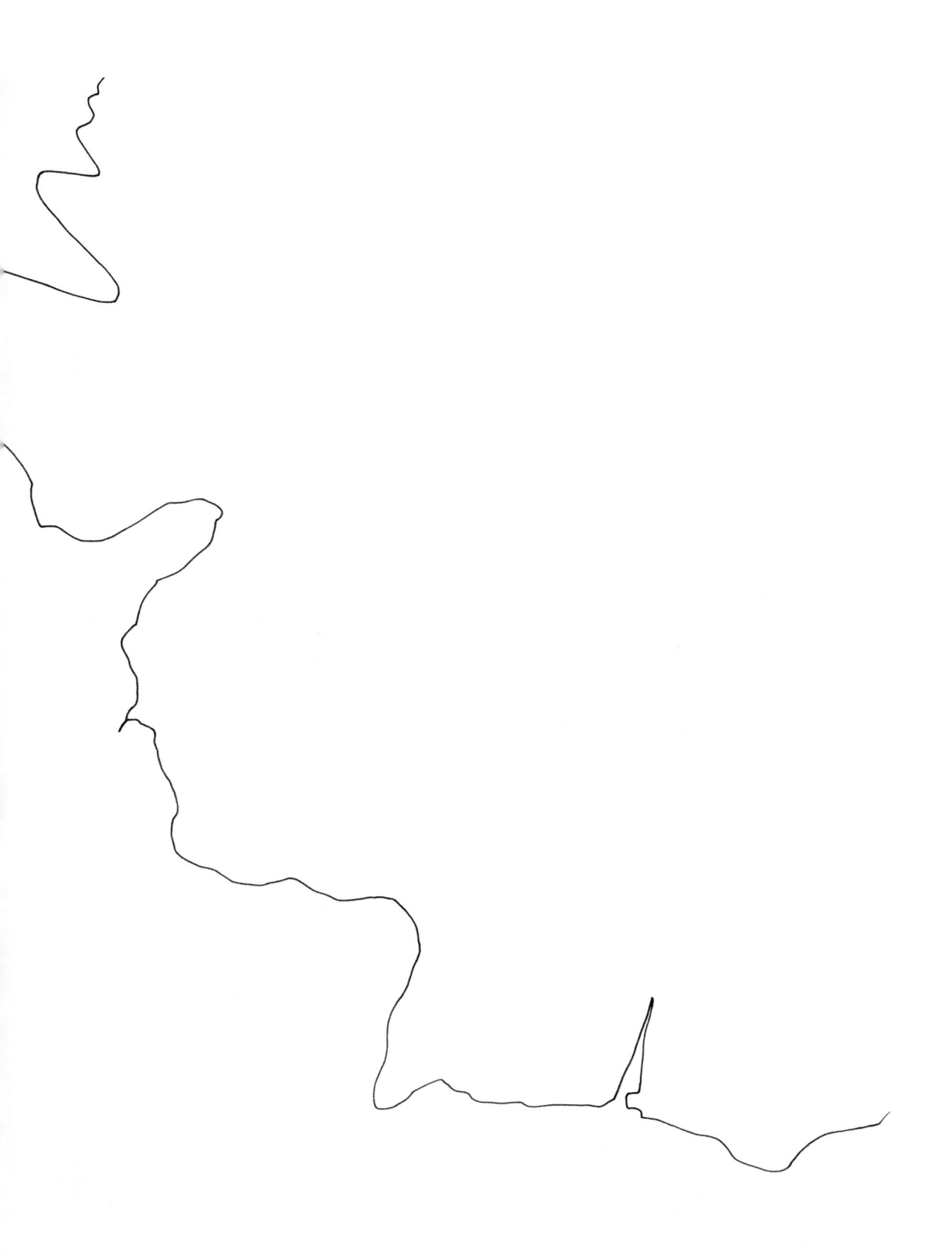

Individuelle Mythologien: Höllenengel

Auf drei großformatigen grellfarbigen Gemälden (alle 2008) arbeitet die Künstlerin ihren persönlichen Motivschatz in Öl, Acryl und Neonstift in überbordender Expressivität aus. Die Leinwände vibrieren förmlich durch die Eindringlichkeit der Darstellungen.

Das aus der klassischen Kunstgeschichte entlehnte Motiv des Engelssturzes mag bei dem Gemälde *Hells Angels* Pate gestanden haben, formuliert es doch diesen aus der Kunstgeschichte bekannten Topos par excellence. Jedoch ist zu vermuten, dass die Künstlerin kein unmittelbares religiöses Empfinden formulieren wollte, sondern, dass sich vielmehr ihr individueller psychischer Zustand Raum verschafft.

Auf einem weiteren, jedoch unbetitelten Bild sind ebenfalls fliehende, fallende und schwebende Körper Sujet einer halluzinativen Komposition, wie auch in einem dritten, *Sweet Dreams* betitelten Gemälde.

Peter Paul Rubens, *Der Höllensturz der Verdammten*, um 1621. Bayerische Staatsgemäldesammlungen - Alte Pinakothek, München

Hells Angels, Öl, Acryl, Neonstift auf Leinwand, 190 x 170 cm, LW006

Sweet Dreams, Öl, Acryl, Neonstift auf Leinwand, 200 x 200 cm, LW001

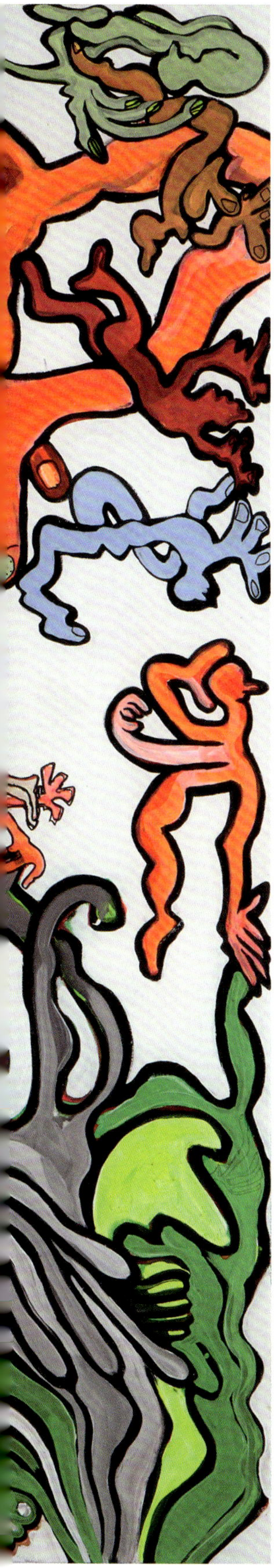

Öl, Acryl, Neonstift auf Leinwand, 170 x 150 cm, LW010

58 | 59

Auflösung der Grenzen: Aquarelle als Seelenlandschaften

Nicht alle Werke aus dem Nachlass von Vera Laros sind von gleicher Qualität. Betrachtet man das Werk in seiner Heterogenität, so lassen sich in der Vielzahl der zeichnerischen und malerischen Ansätze immerhin eine unbefangene Neugier und Offenheit erkennen. Ob mehr oder weniger geglückt ausgeführt, sind sie unbestreitbar Zeugnisse des zurückgelegten Weges.

Das Aquarell als offene Ausdrucksform des nicht begrenzten Raums geht Hand in Hand mit der konventionellen akademischen Form der Landschaft. Vera Laros nutzte die Aquarelltechnik für Reiseskizzen, stimmungsvolle Blumenbilder wie auch für kryptisch verschlüsselte Darstellungen zuneigungsvoller menschlicher Beziehungen.

Aquarell, 40 x 40 cm, LiS044, 026

Aquarell, 50 x 65 cm, LiS020

Aquarell, 40 x 40 cm, A053

Erweiterte Horizonte: Erprobung der Abstraktion

Anhand einiger signierter und datierter Werke lässt sich Vera Laros' hauptsächliche Schaffensperiode auf ungefähr 2002 bis 2012 bestimmen. Im Atelier finden sich außerdem einige undatierte Leinwände und Kartons im Miniaturformat, auf denen sie sich vermutlich einen Weg in die Abstraktion erarbeitete. Hierbei erprobte sie sich, vertraut mit der Aquarelltechnik, in experimentellen Mischtechniken und den Ausdrucksformen des Zufalls. Diese rücken ihr Werk in die Nähe der avantgardistischen, das Unterbewusste thematisierenden Techniken der Surrealisten. Ebenfalls erprobte sie sich in pastos aufgetragenen, Struktur und Volumen des Farbauftrags betonenden, gegenstandslosen, dem abstrakten Expressionismus und Informel nahestehenden Experimenten wie auch in schriftähnlichen zeichenhaften Abstraktionen. Vera Laros und ihr Werk waren und bleiben rätselhaft.

Anke Volkmer

Acryl und Pigment auf Leinwand, 12 x 17 cm, LW133, LW155, LW160, LW161

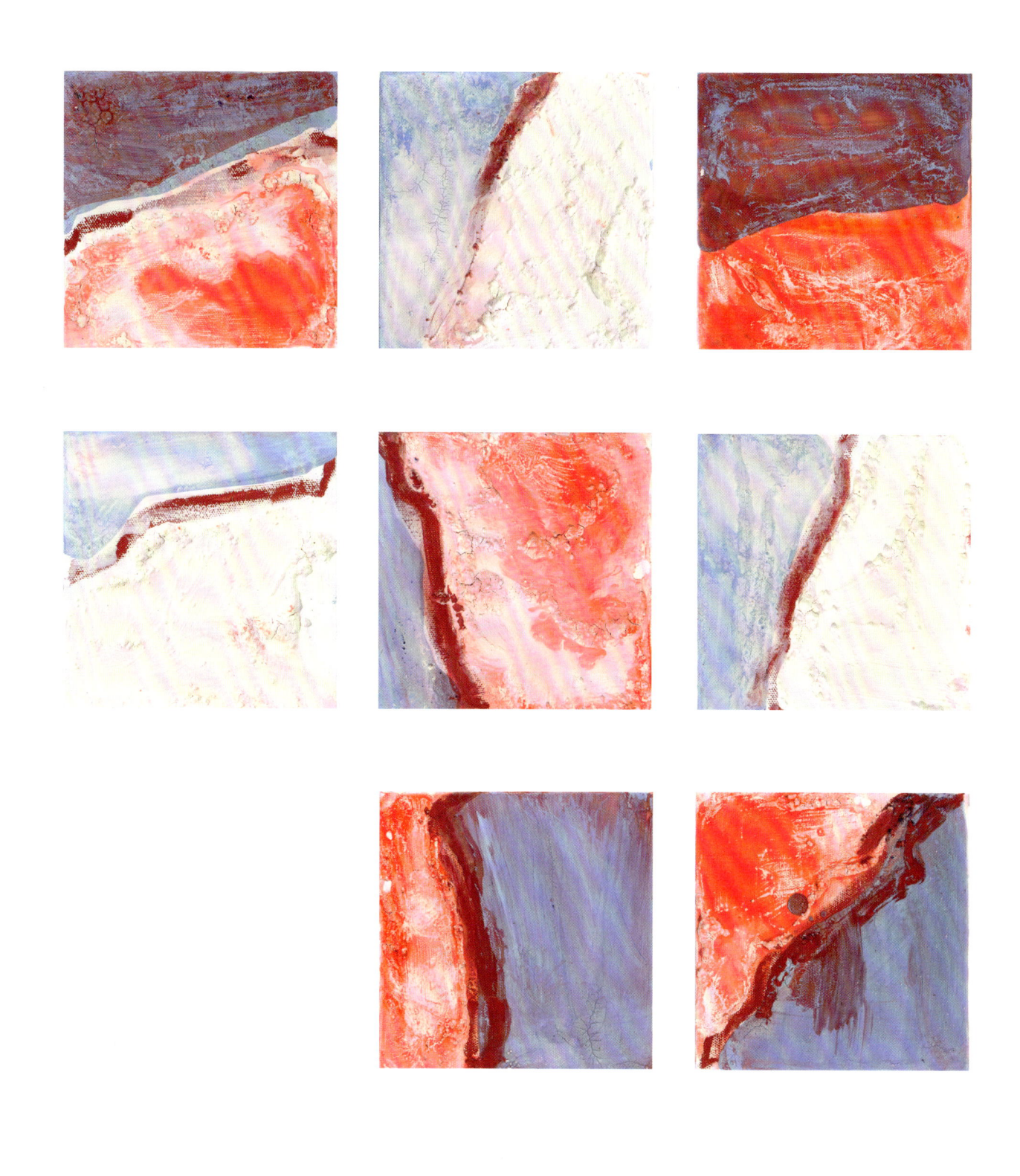

Acryl und Pigment auf Leinwand, 15 x 15 cm, LW091– LW098

Acryl/Pigment auf Karton, 21 x 29,7 cm, BT007, BT009

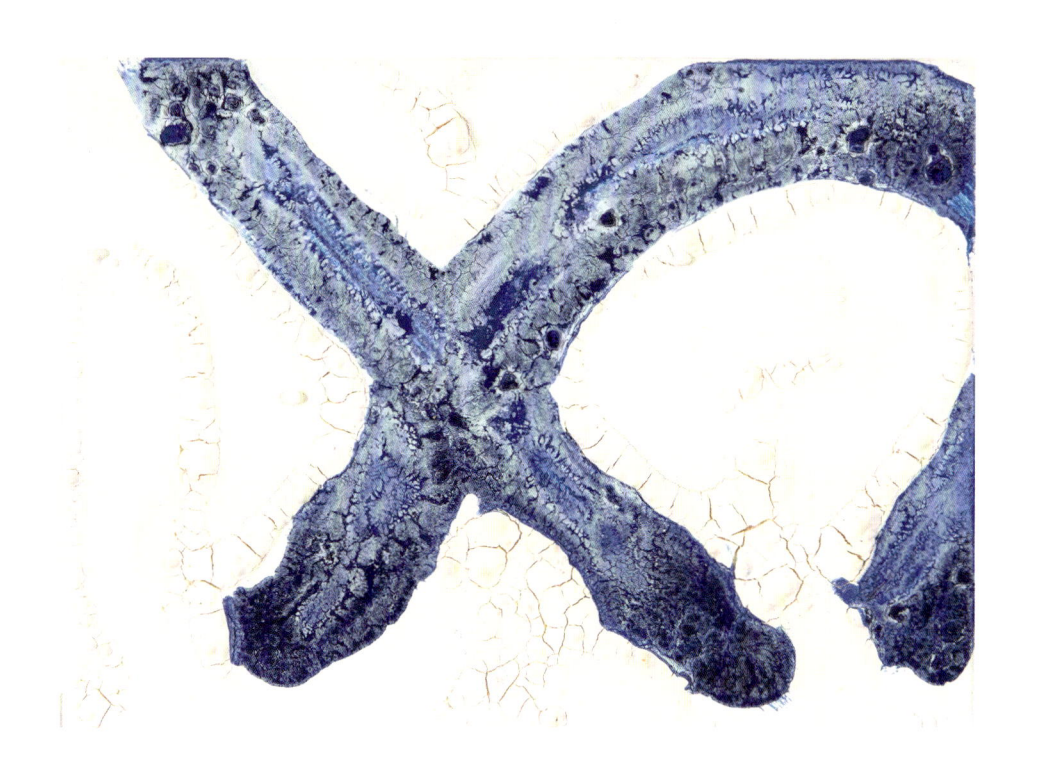

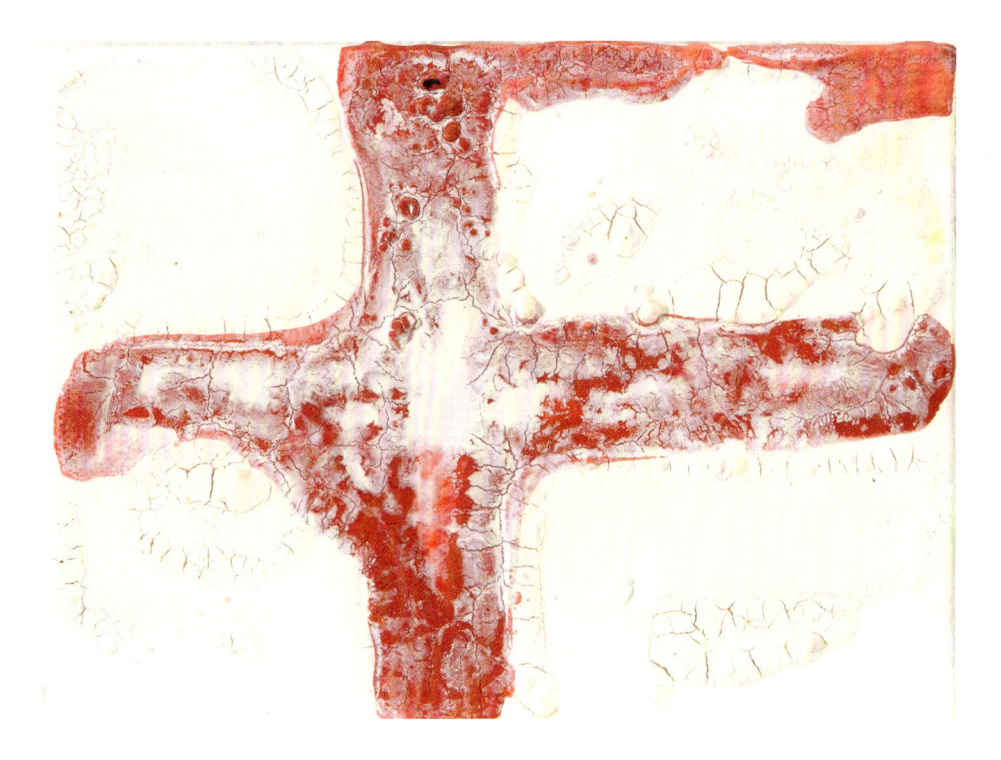

Acryl/Pigment auf Leinwand, 17,5 x 23 cm, LW147, LW147

Atelieransicht

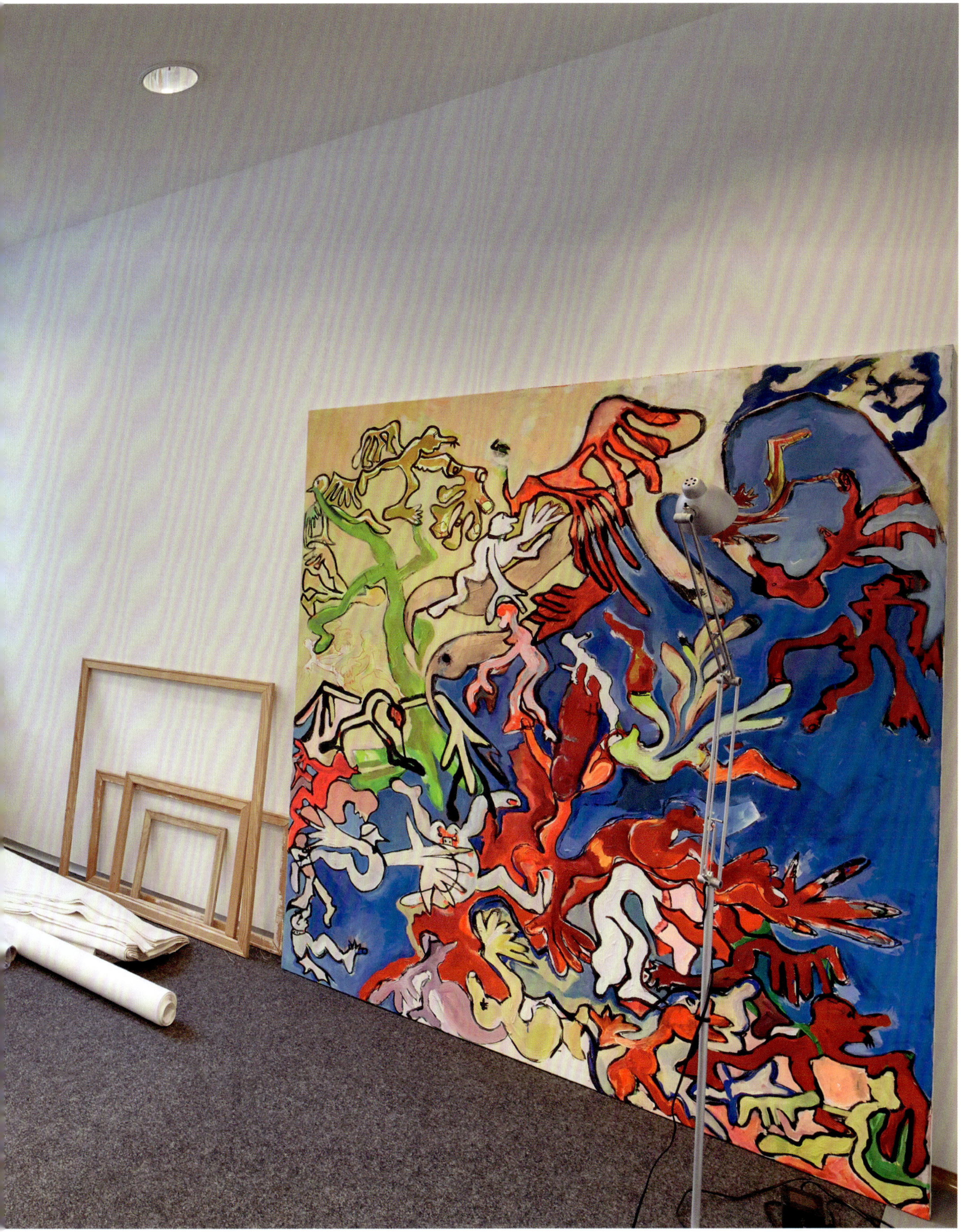

Acryl auf Leinwand, 100 x 130 cm, LW168

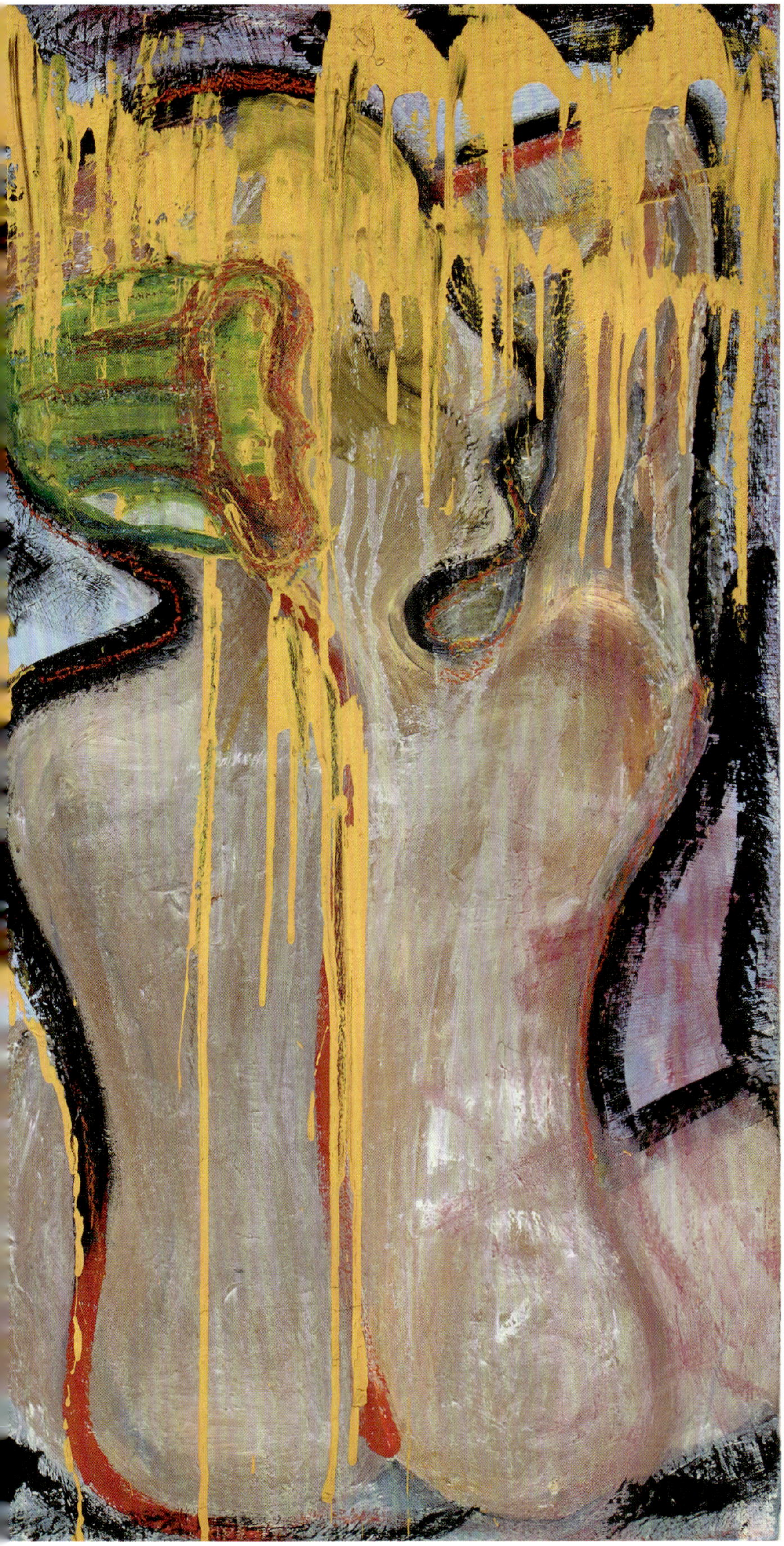

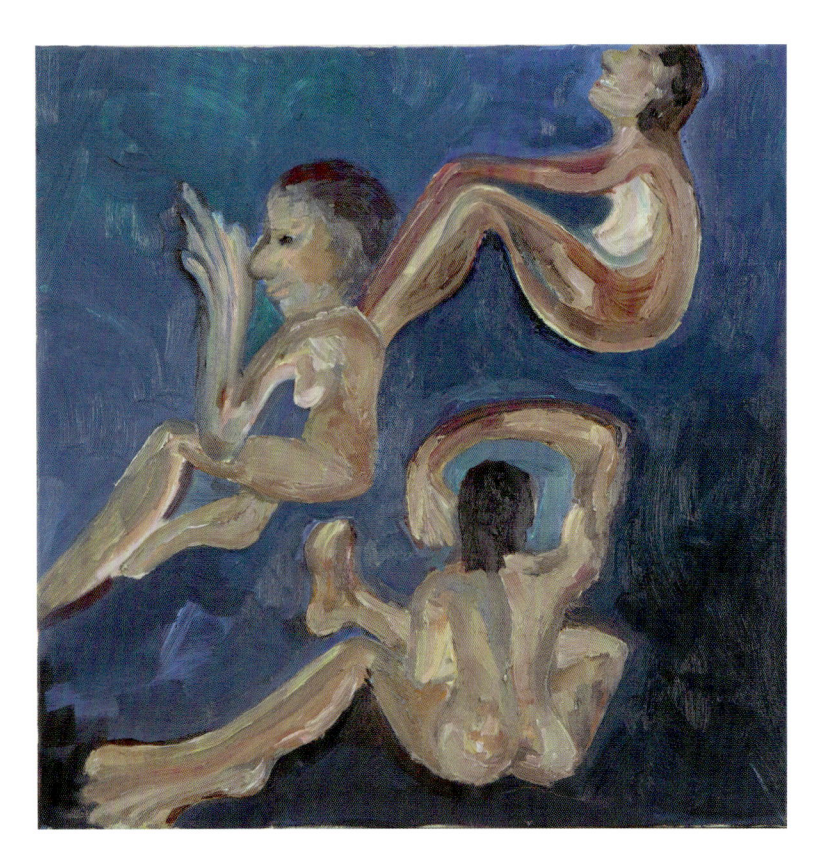

Acryl auf Leinwand, 60 x 60 cm, LW047

Acryl auf Leinwand, 60 x 60 cm, LW048

Acryl auf Leinwand, 120 x 90 cm, LW030

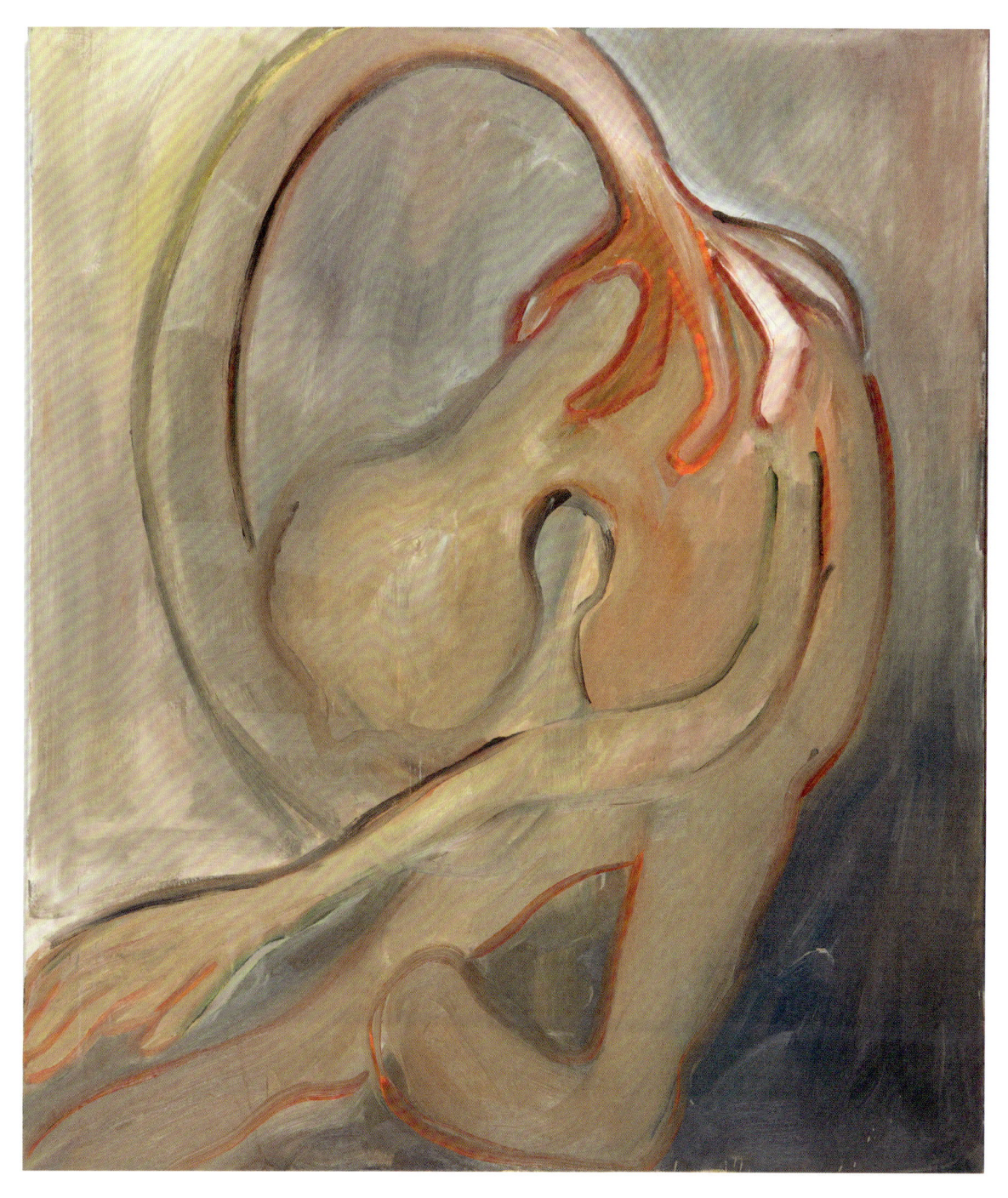

Acryl auf Leinwand, 130 x 110 cm, LW034

Acryl auf Leinwand, 110 x 130 cm, LW033

Acryl auf Leinwand, 140 x 160 cm, LW017

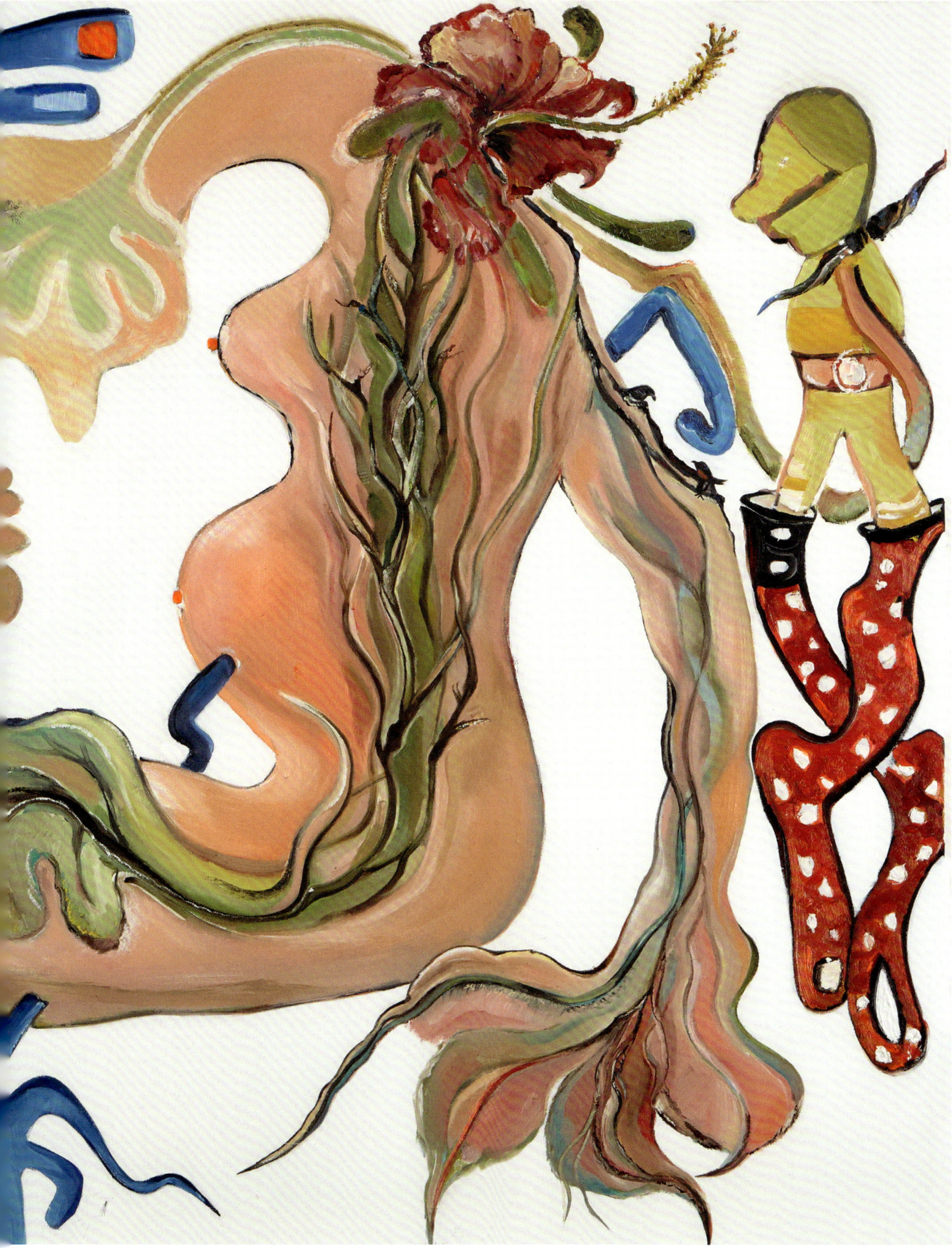

Acryl auf Leinwand, 120 x 90 cm, LW027

Acryl auf Leinwand, 15 x 15 cm, LW087

Acryl auf Leinwand, 15 x 15 cm, LW086

Acryl auf Leinwand, 15 x 15 cm, LW089

Acryl auf Leinwand, 23 x 23 cm, LW113

Acryl auf Leinwand, 23 x 23 cm, LW117

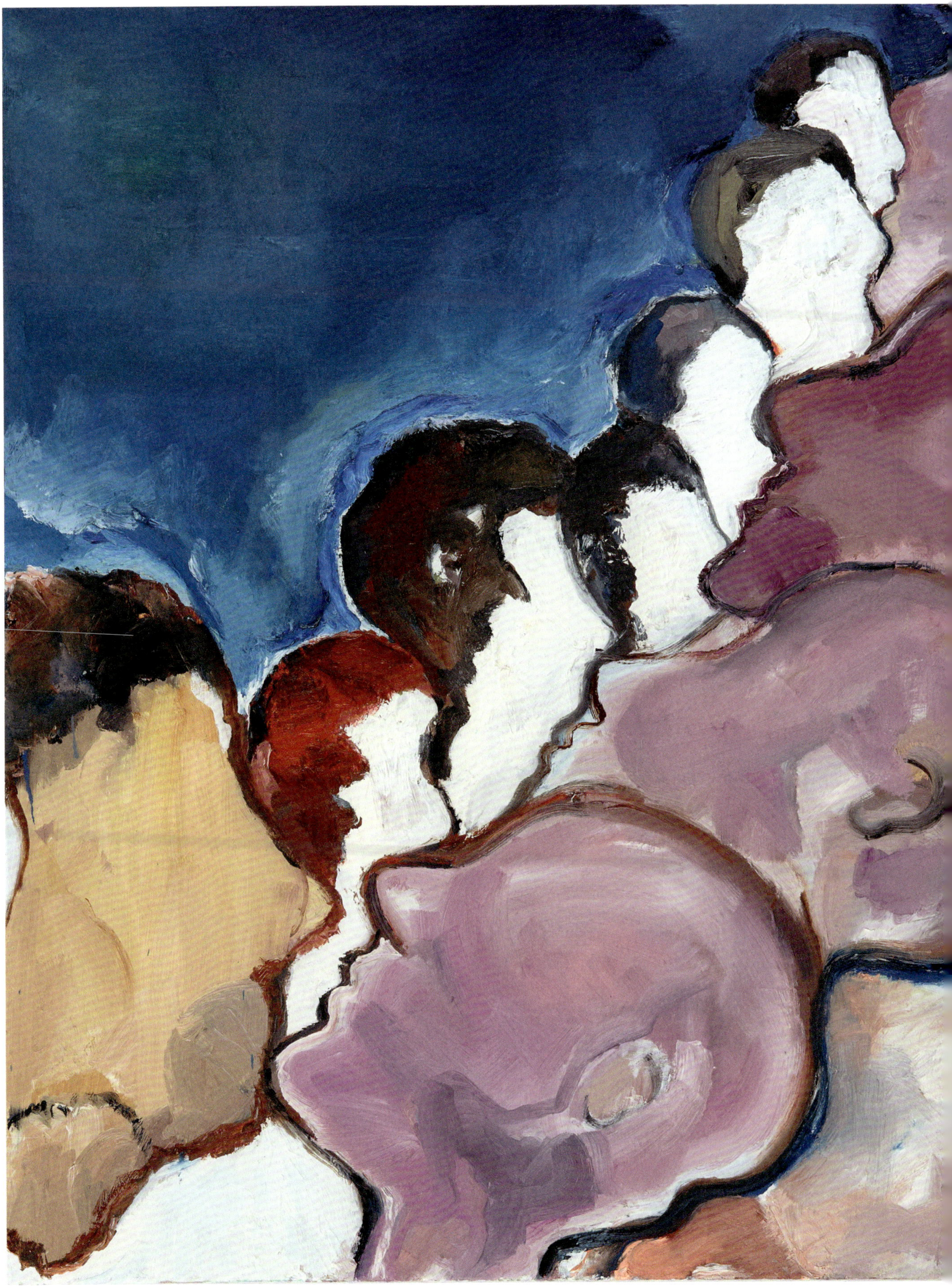

Acryl auf Leinwand, 40 x 40 cm, LW078

Acryl auf Leinwand, 40 x 40 cm, LW079

Acryl auf Leinwand, 100 x 90 cm, LW022 cm

Acryl auf Leinwand, 160 x 150 cm, LW011

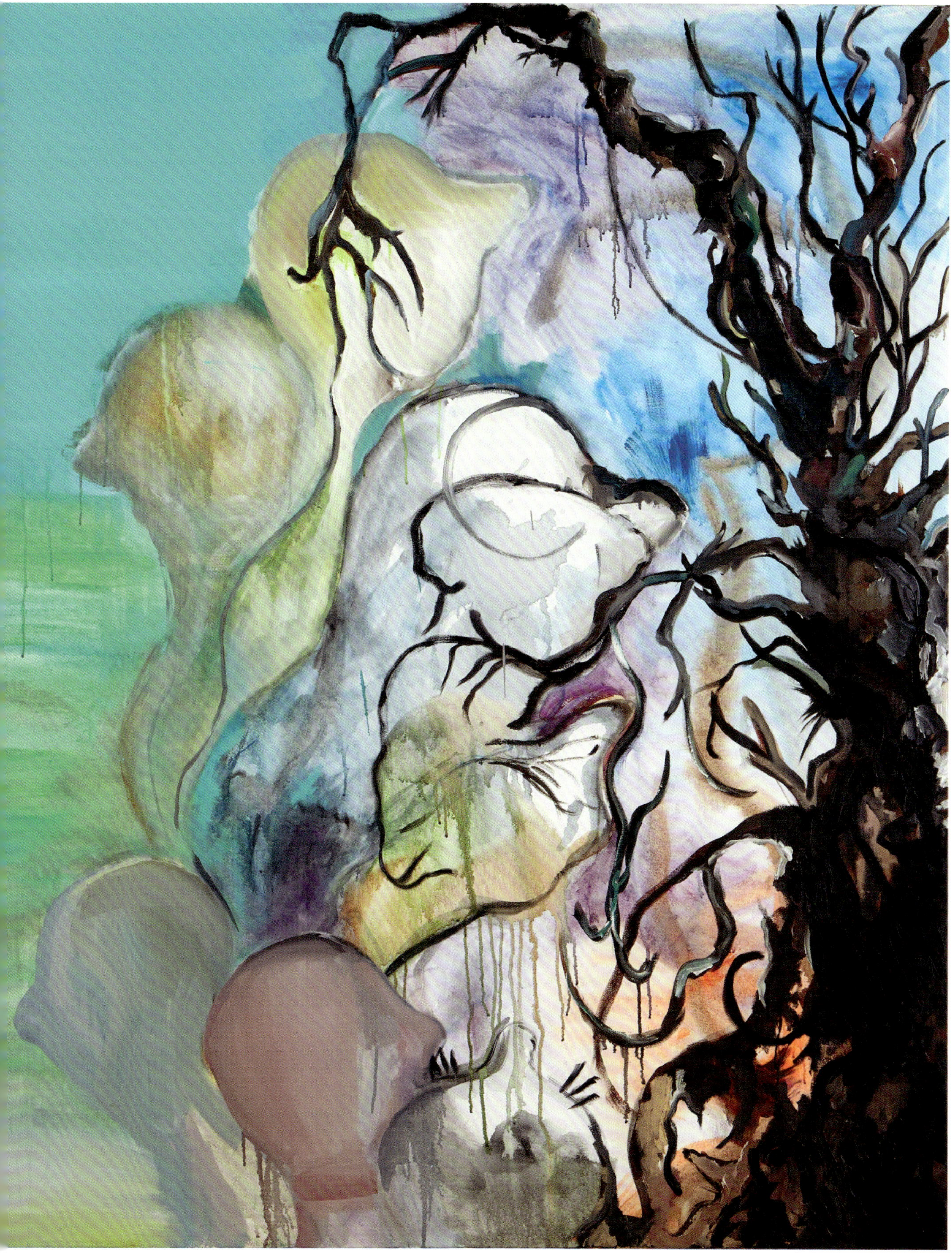

Acryl auf Leinwand, 130 x 100 cm, LW170

Acryl auf Leinwand, 15 x 15 cm, LW084

Acryl auf Leinwand, 15 x 15 cm, LW085

Acryl auf Leinwand, 60 x 40 cm, LW062

Acryl auf Leinwand, 60 x 40 cm, LW063

Acryl auf Leinwand, 120 x 90 cm, LW031

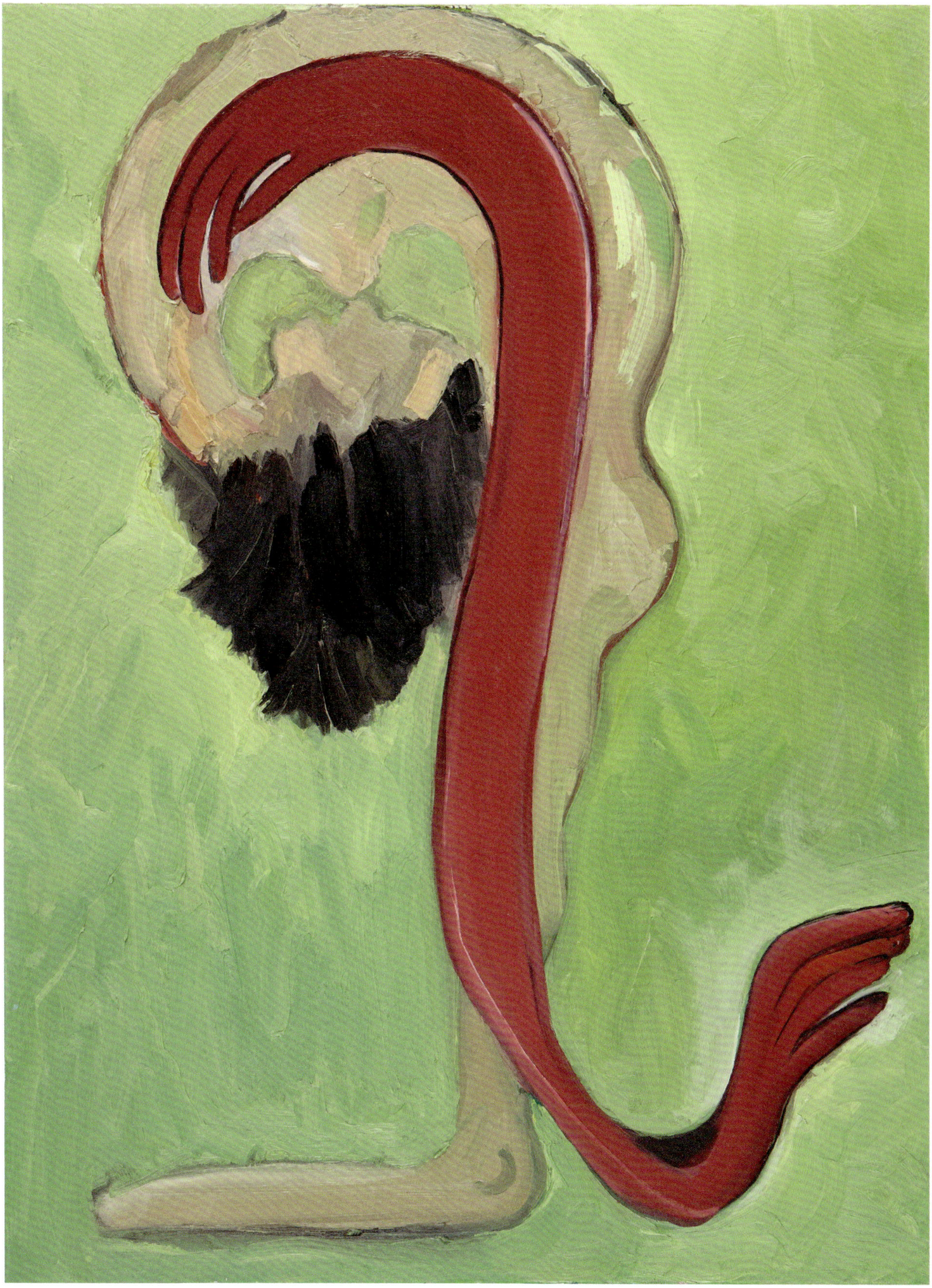

Acryl auf Leinwand, 40 x 50 cm, LWK054

Acryl auf Leinwand, 40 x 50 cm, LWK058

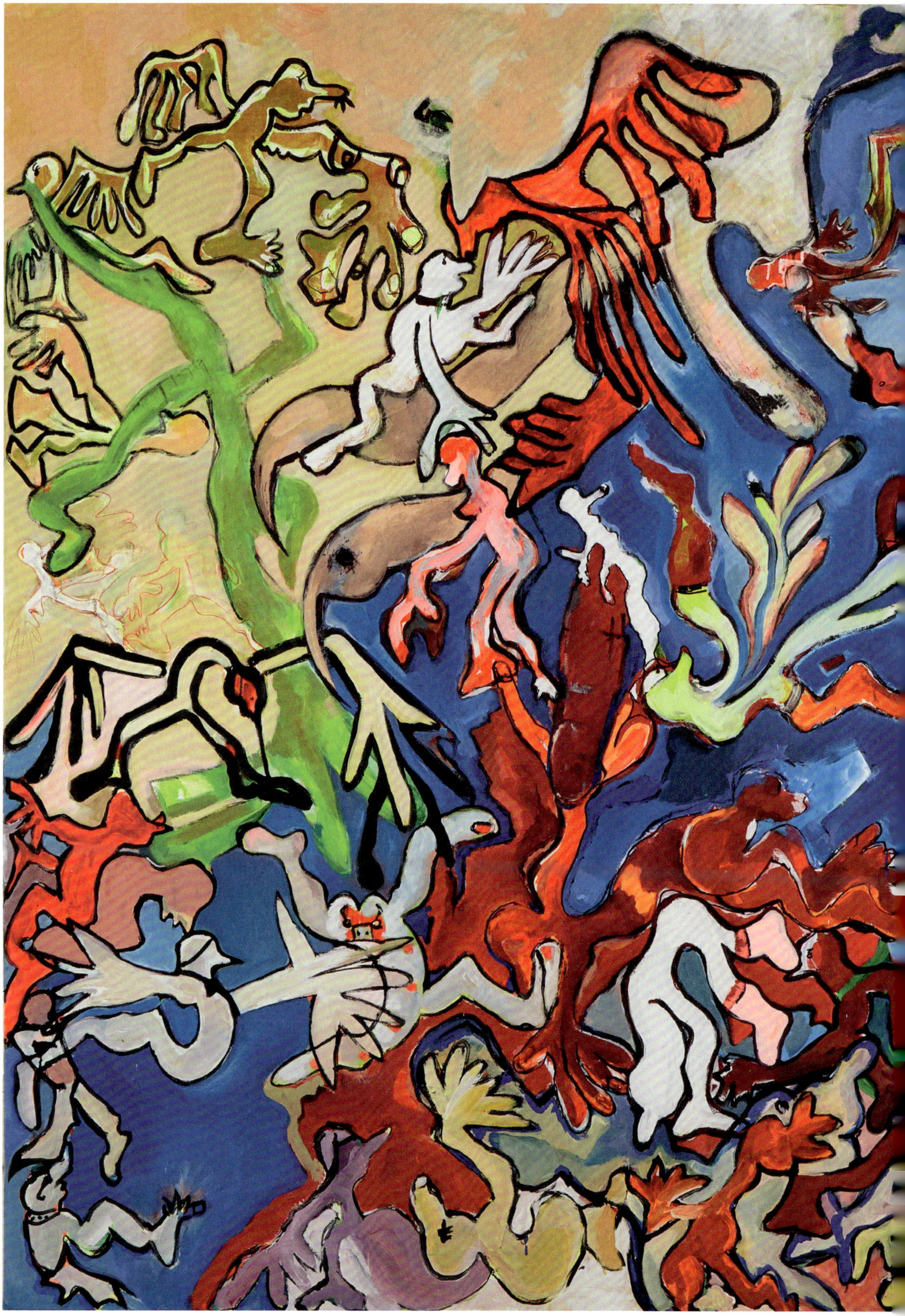

Acryl auf Leinwand, 200 x 170 cm, LW002

Acryl, Farbstift auf Leinwand, 150 x 170 cm, LW007

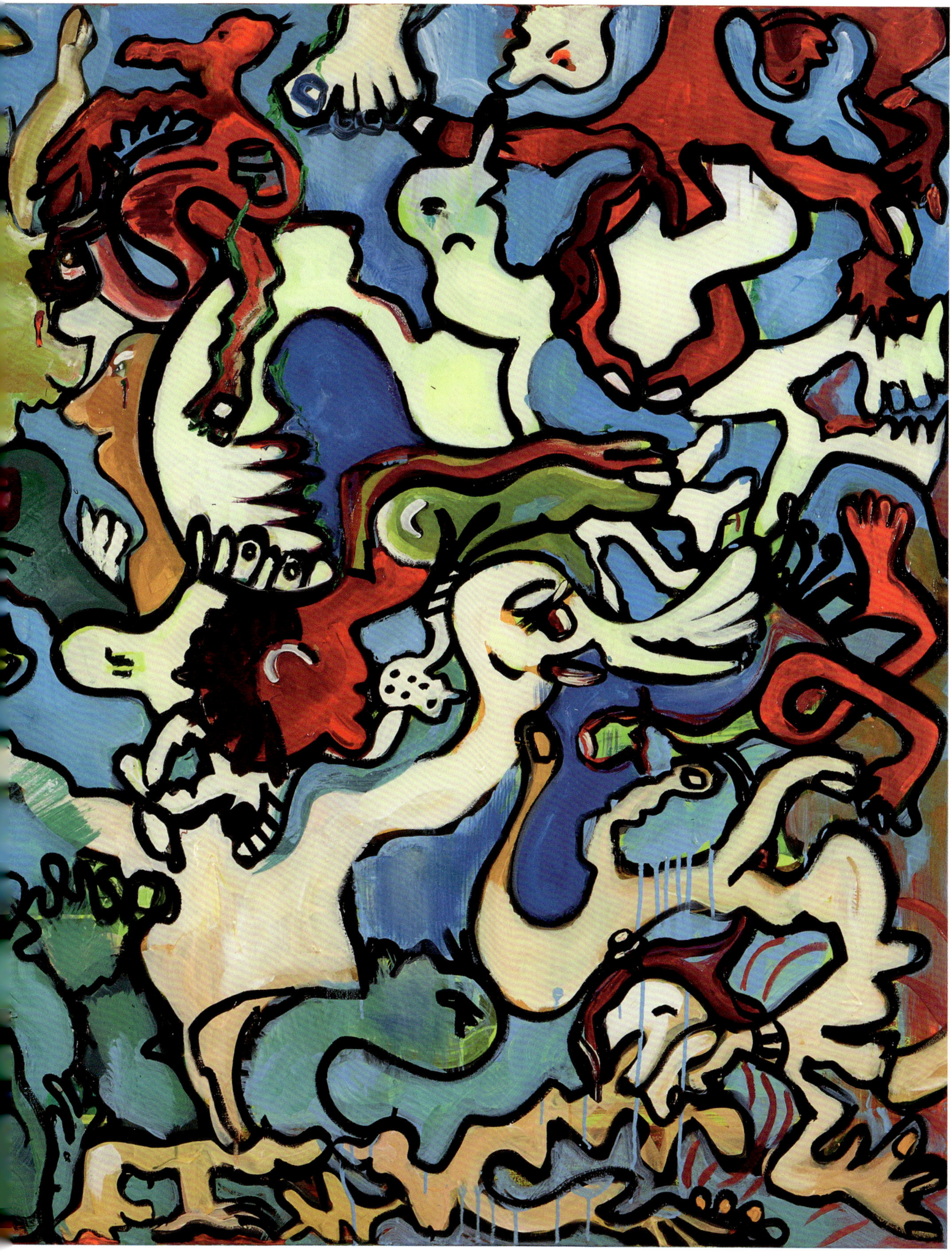

Aquarell, 30 x 30 cm, AB02-029

Aquarell, 30 x 30 cm, AB02-037

Farbstift auf Papier, 36 x 26 cm, SKB02-021

Farbstift auf Papier, 36 x 26 cm, SKB01-063

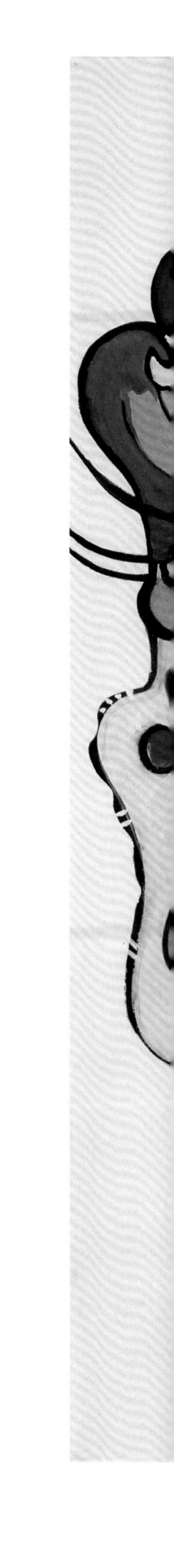

Acryl auf Leinwand, 150 x 130 cm, LW016

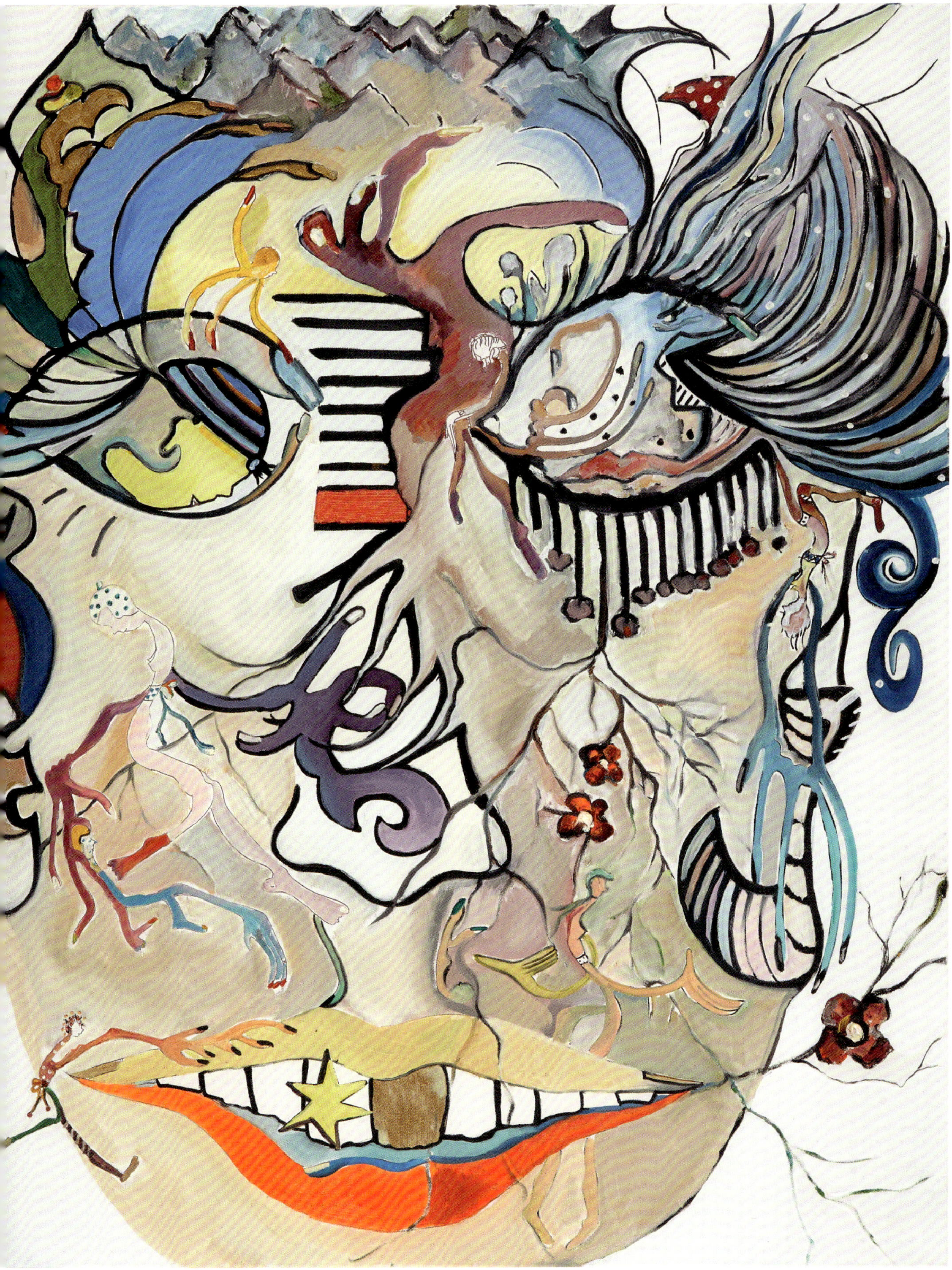

Acryl auf Leinwand, 160 x 150 cm, LW018

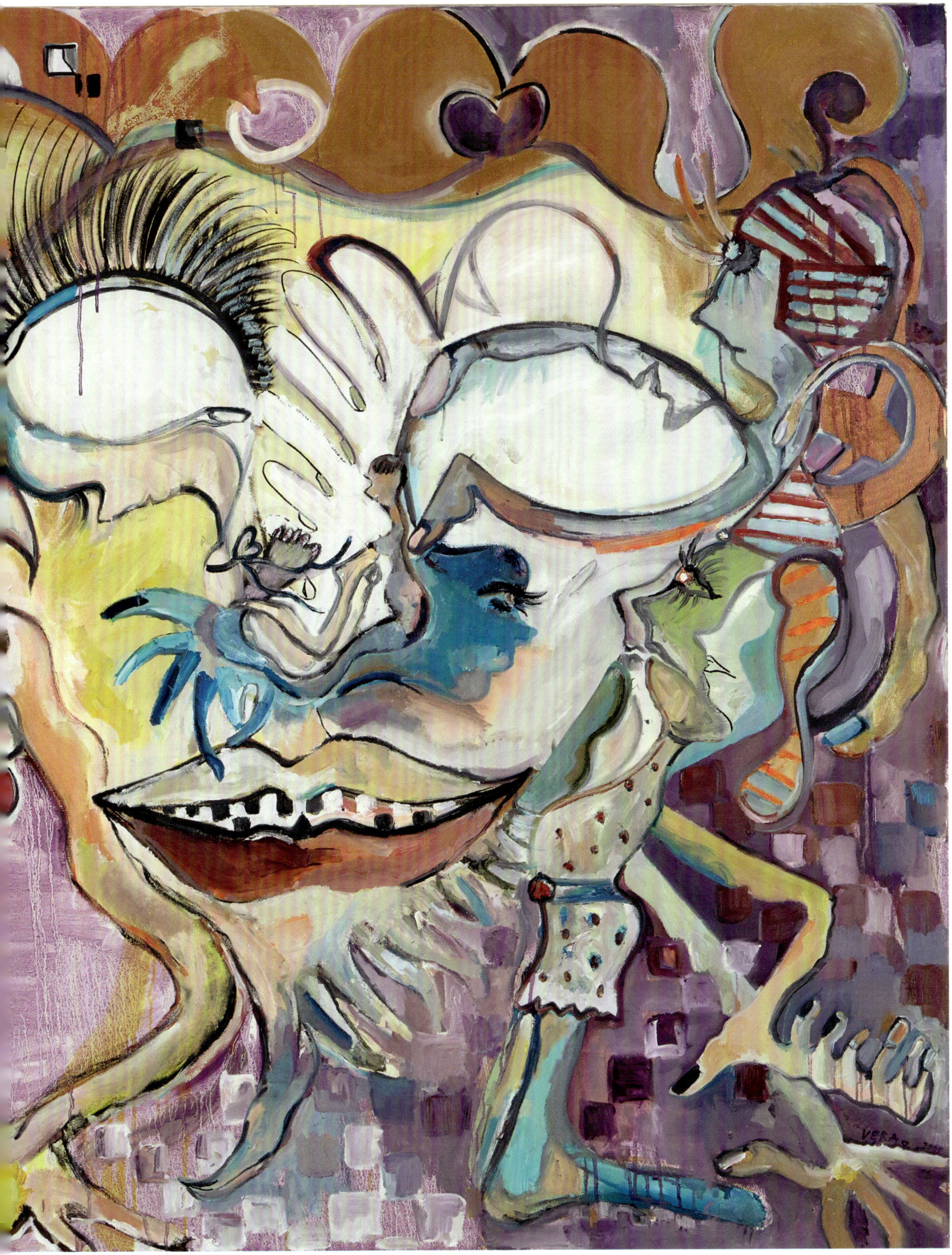

Acryl auf Leinwand, 64 x 55 cm, LW16

Acryl auf Leinwand, 150 x 130 cm, LW008

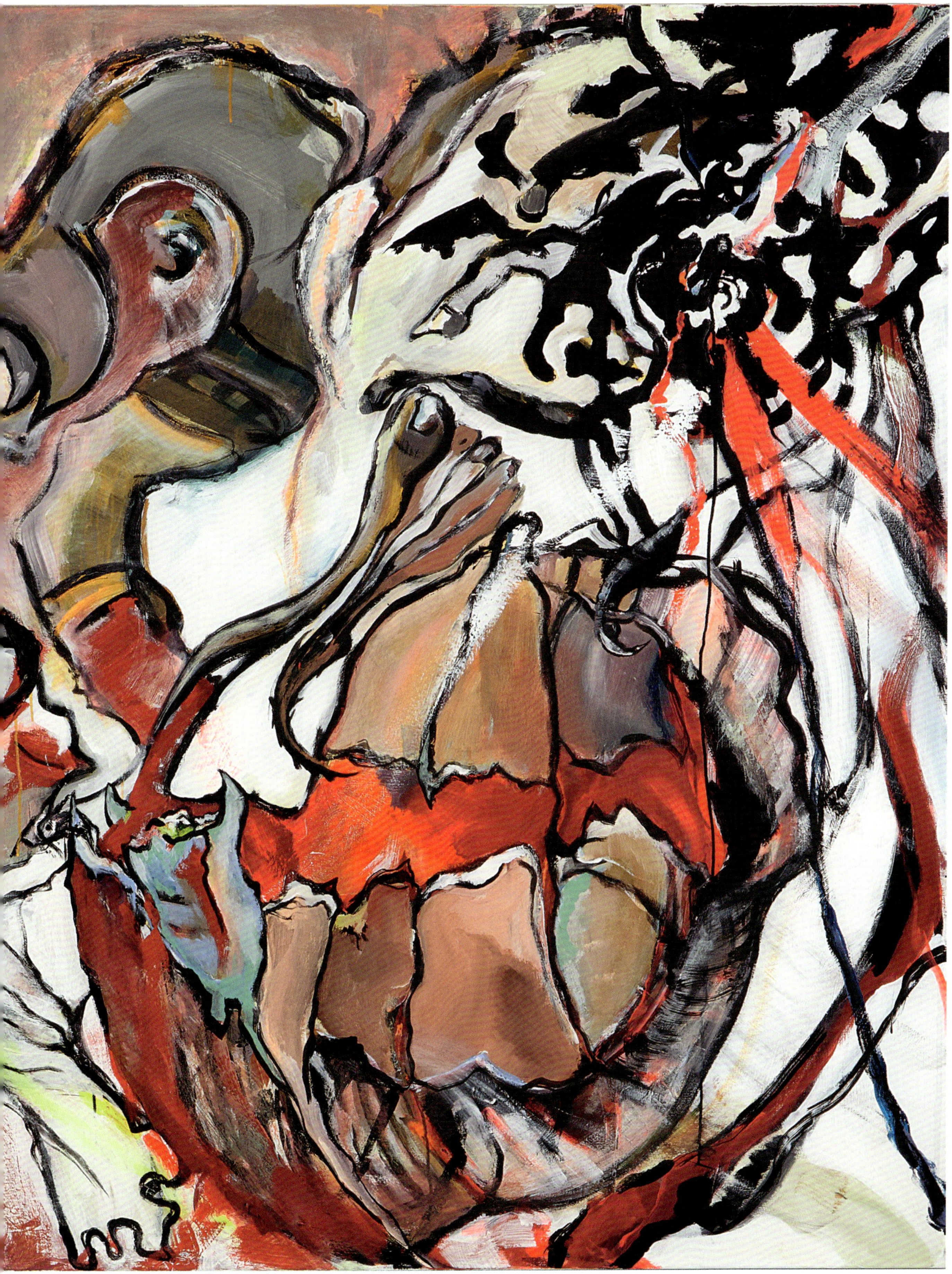

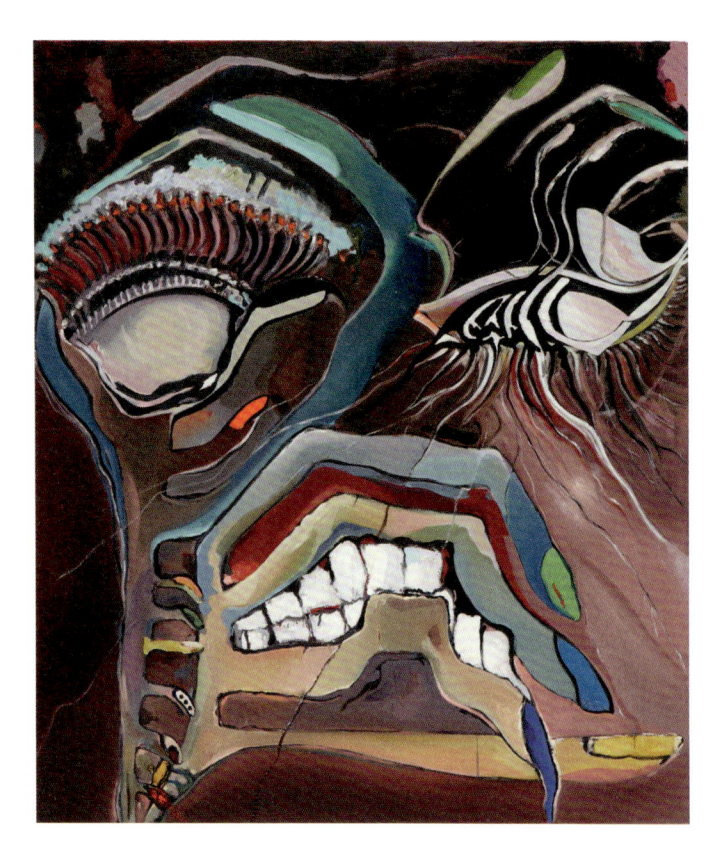

Acryl auf Leinwand, 150 x 130 cm, LW176

Acryl auf Leinwand, 150 x 130 cm, LW075

Acryl auf Leinwand, 150 x 130 cm, LW174

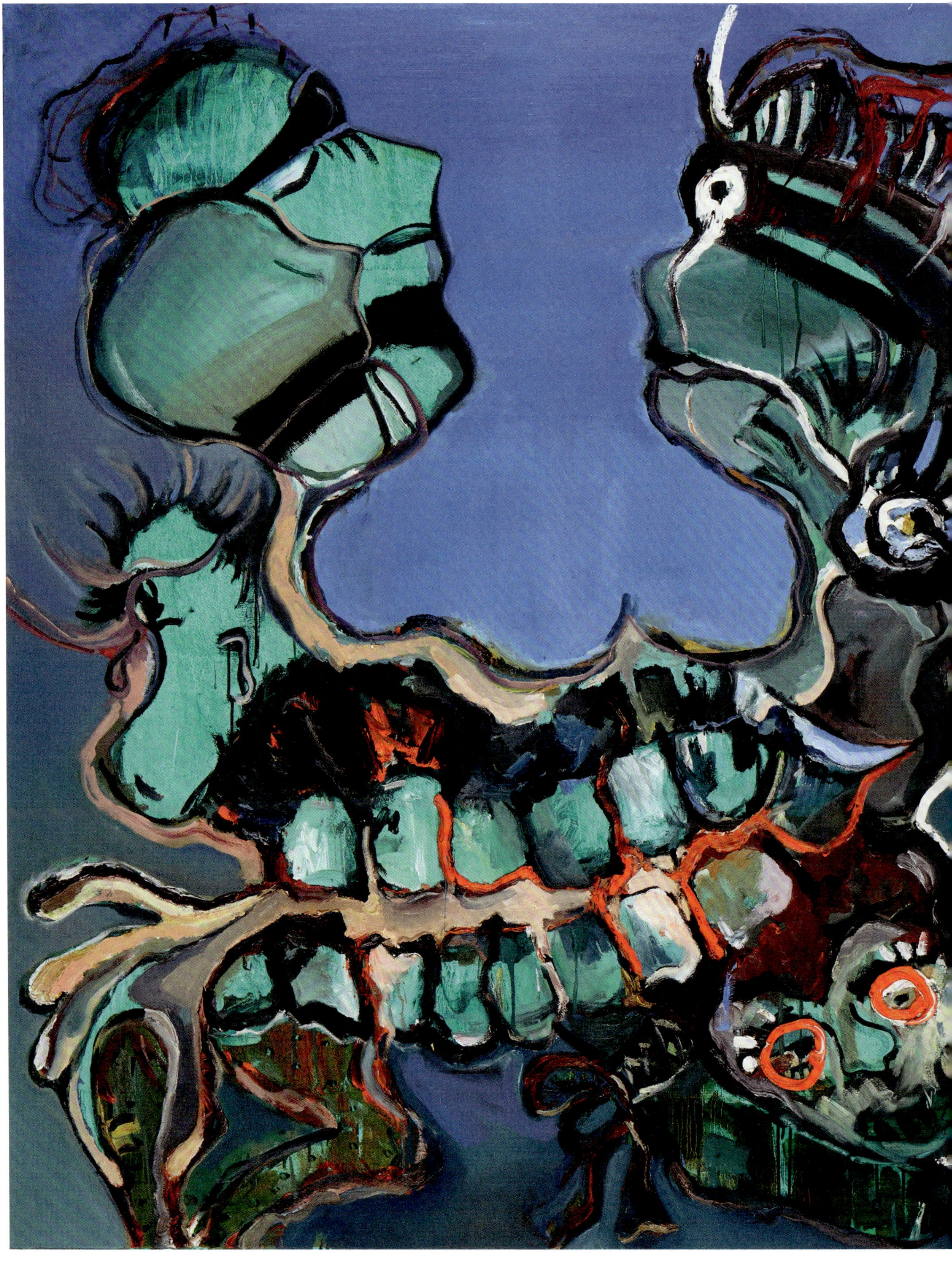

Acryl auf Leinwand, 150 x 140 cm, LW013

Vera Laros
„... das riesige, dunkle Meer. Das bin ich ..."

„Niemals werde ich machen, was ich hätte wollen und anstreben können und müssen!" schrieb Vincent van Gogh verzweifelt an seinen Bruder Theo ein halbes Jahr bevor er am 29. Juli 1890 aus dem Leben schied. Zu diesem Zeitpunkt hatte van Gogh in nur zehn Jahren schon mehr als 800 Gemälde geschaffen. Mehr als 900 seiner Briefe haben sich erhalten und geben Einblick in Vincents Denken, Fühlen und Malen. Nach dem Tod des 37-Jährigen haben sich zahllose Kunsthistoriker mit seinen Briefen und seinen Werken befaßt, so daß sein Leben und Arbeiten, seine Sehnsüchte und sein Scheitern heute wie ein offenes Buch vor uns liegen und – noch immer – Generationen von Kunstwissenschaftlern und -liebhabern zum Staunen und Schwärmen bringen.

Von Vera Laros sind dagegen nur wenige Gemälde auf uns gekommen, alles in allem vielleicht zweihundert, sowie an die zweitausend Zeichnungen, Skizzen und Aquarelle. Schriftliche Zeugnisse gibt es von dieser Künstlerin, – kaum verwunderlich im Zeitalter der Telefonie und der digitalen Kommunikation –, fast gar nicht. Das macht es schwierig, ihre Vorstellung von der Kunst für die, die ihr nicht persönlich begegnet sind, zu erklären, ihr Denken und Fühlen in Bezug auf die Kunst offenzulegen oder gar ihr Werk einer kritischen Beurteilung zu unterziehen.

Umso bemerkenswerter und höchst aufschlußreich ist deshalb ein kurzer Text, beinahe ein „Manifest", das sich in einem ihrer Skizzenbücher findet: „Das Malen gleicht einer Suche. Einer Hetzjagd. Das Gebiet ist die Leinwand. Aber wo haben ›sie‹ sich versteckt? Wo finde ich ›sie‹? Die Erkenntnisse. Die Oh´s. Die Weh´s. Finde ich ›es‹ oder auch ›sie‹ überhaupt??? Ich kämpfe gegen etwas Unsichtbares, Unfaßbares an. Aber ich werde es finden." In diesem kurzen Statement steckt nicht nur eine Portion Zuversicht, hier wird auch ein Wille erkennbar, jenes mit Worten so schwer greifbare, das wir „Kunst" nennen, in ihren eigenen Werken auszudrücken.

2007, als Vera Laros diese Sätze niederschrieb, befand sie sich mitten in ihrer künstlerischen Ausbildung. Diese hatte sie 2003 an der Freien Kunstakademie Rhein/Ruhr in Essen bei Veit Stratmann begonnen und 2009, – nach einem Standortwechsel der Akademie nach Krefeld –, beendet. Zuvor hatte sie, 1994, ein Studium der Betriebswirtschaft an der Westfälischen Wilhelms-Universität in Münster mit einem Diplom abgeschlossen. Noch in den 90er Jahren hatte die junge, strahlende und witzige Frau, – so wird sie übereinstimmend beschrieben –, beschlossen, sich zukünftig ganz der Kunst zu widmen. Im September 2000 hatte sie sich ein Atelier in der Adlerstraße in Düsseldorf eingerichtet, das sie bis 2018 behielt, auch wenn sie zwischenzeitlich zeitweise in Berlin lebte und arbeitete. Seit Beginn der 2000er Jahre galt ihr Interesse also der Kunst und ihr Bestreben war darauf ausgerichtet, eine eigenständige Position in dieser Kunstwelt zu erobern, ihrer Sicht auf Kunst und Gesellschaft Stimme und Ausdruck zu verleihen.

An der „Freien Kunstakademie" erwarb sie das dafür notwendige handwerkliche Rüstzeug. Zeichnung, Aquarell, Malerei, – hier erlernte sie den Umgang mit Papier unterschiedlicher Sorten, mit Stiften, Pinseln, Aquarell- und Acrylfarben. Und das Curriculum begann mit dem Motiv Stilleben, erweiterte sich dann zu Landschaft, Porträt, Ganzfigur und Akt, – ganz klassisch, so wie viele Akademien ihren Lehrplan gestalten. Dazu kamen Exkursionen zu kunsthistorisch bedeutenden Orten oder zu Ausstellungen in Museen der Umgebung, verbunden mit intensiven Gesprächen über das Gesehene, Diskussionen über bekannte Künstler und deren Oeuvre. Im Zentrum der Lehre stand aber das eigene Arbeiten an gestellten Aufgaben und die Besprechung der Ergebnisse durch die Lehrenden coram publico, das heißt im Beisein der anderen Studierenden einer Klasse. Hier notierte Vera Laros eifrig mit, wenn die Werke ihrer Kommilitonen besprochen wurden. Erhellend ist in diesem Zusammenhang ein Eintrag in ihrem Skizzenbuch, der viel über ihre eigenen Bilder und die Sicht des Lehrers und der anderen Studierenden darauf verrät: „Gutes Gespräch mit Veit (d.i. Veit Johannes Stratmann, Gründer und Lehrer an der Freien Kunstakademie Rhein/Ruhr, d. Verf.). Alles ist stimmig und paßt vom Timing. (...) Demonstration, daß ich etwas kann bzw. ein gutes, vorzeigbares Ergebnis erzielen kann. – Lebendigkeit spiegelt sich in Farben; dennoch halten die Bilder den Betrachter auf Distanz. Sie sind mein Schutzschild, hier seht ... – aber laßt mich in Ruhe. Ich gebe Euch nichts von mir. Perfektion, Glattheit. Keine Geheimnisse zu enträtseln. Basta. Ich gebe nichts. Bilder als Oberfläche. Darunter ist das riesige, dunkle Meer. Das bin ich. Aber ich lasse Euch nicht an mich ran."

Tatsächlich sind Vera Laros' frühe Arbeiten, die sich als Ergebnisse akademischer Aufgabenstellung erhalten haben, zunächst wenig auffallend, entsprechen eher den Konventionen. Das beginnt mit der malerischen Erfassung von Einzelobjekten, wie zum Beispiel einer Wasserflasche aus Plastik, in welchen die angehende Künstlerin zwar das Licht- und Farbenspiel des Objekts schon darstellen kann, aber die Plastizität und Tiefenräumlichkeit des Motivs noch nicht bewältigt scheinen. Und das setzt sich fort in Stillebenarrangements, etwa einer metallenen Schüssel, die auf einem Freischwingerstuhl platziert ist und in der sich scheinbar willkürlich Gegenstände angesammelt haben. Eine Zitrone, eine Glühbirne mit Fassung und Kabel, ein roter Lippenstift und ein grünes Herz sind hier mit einem braunen Kleiderbügel so zusammengebracht, daß es schwierig ist, diese plastischen Grundformen in ihrem Zusammenspiel und in ihrer räumlichen Bezogenheit zu erfassen. Eine komplexe Aufgabe, die ein fortgeschrittenes Verständnis für Konstellationen im Raum erfordert und in der das räumliche Kontinuum zugleich mit einem einheitlichen Farbklang überzeugend zu verbinden wäre. In einem Stilleben mit amerikanischer Flagge setzt sich das Thema in variierter Form fort. In einem Stilleben mit Küchenrolle,

Acryl auf Leinwand, 50 x 40 cm, LW057

Acryl auf Leinwand, 40 x 50 cm, LW053

Tannenzapfen und anderen Utensilien auf einem Tisch neben einer Fensterbank findet das Motiv zu einem ersten farblich und räumlich überzeugenden Zusammenklang.

Von der Fokussierung auf das Stilleben ausgehend öffnete das Lehrprogramm im Jahr 2004 die Aufgabenstellung dahingehend, daß es den Atelier-, Bewegungs- und Lebensraum der Künstlerin zum Thema machte. Eine Serie von Hinterhof-Räumen beginnt mit einem Blick aus einem Fenster, der verschiedene weiße, braune, blaue und schwarze Flächen so zueinander in Bezug setzt, daß sich daraus die vage Vorstellung von einem Blick auf nicht näher definierte Gebäudekuben ergibt (S. 26). Dieses Bild ist mit „28.1.2004" datiert. Von hier aus hätte sich ein Weg zu geometrisierenden Abstraktionen eröffnet, aber Vera Laros blieb zunächst der Figuration treu. Es folgten ein „Hinterhof mit Garage" und ein „Blick in den Hof" hinter ihrem Atelier in der Adlerstraße, in welchem die karge, leere Raumecke des Vordergrundes durch eine diagonal in den Bildraum ragende Pflanze einen Anflug von Dynamik gewinnt. Wie eine Zusammenfassung dieser drei Raumstudien wirkt ein Bild, das eine Ecke im Atelier zeigt, in welcher die Hinterhofstudien hintereinander gestapelt an die Wand gelehnt sind, während ein davor stehender weißer Karton sich für den Betrachter zunächst wie das Modell eines Kastells ausnehmen mag.

Seit der Erfindung der Zentralperspektive in der Frührenaissance gilt die Darstellung von Fläche, Raum und dreidimensionalen Körpern virtuos zu behandeln und damit die Illusion von Realität zu erzeugen, als ein Qualitätskriterium für die Malerei. Erst im 20. Jahrhundert wurde dieses Dogma hinterfragt und immer wieder auch, wie z.B. im Kubismus, ausgehebelt. Die Beherrschung von Fläche, Raum und Dreidimensionalität einzuüben, gehört deshalb zum traditionellen Programm der meisten Kunstschulen. Vera Laros scheint sich für diese Problemstellung aber wenig interessiert zu haben. Zwar bewältigte sie die ihr in diesem Zusammenhang gestellten Aufgaben mit den Hinterhofbildern durchaus ansprechend, aber Räumlichkeit und korrekte Perspektive waren weniger ihr Thema. Ein wirkliches, weiterführendes Interesse dafür entwickelte sie

Acryl auf Leinwand, 55 x 45 cm, LW038

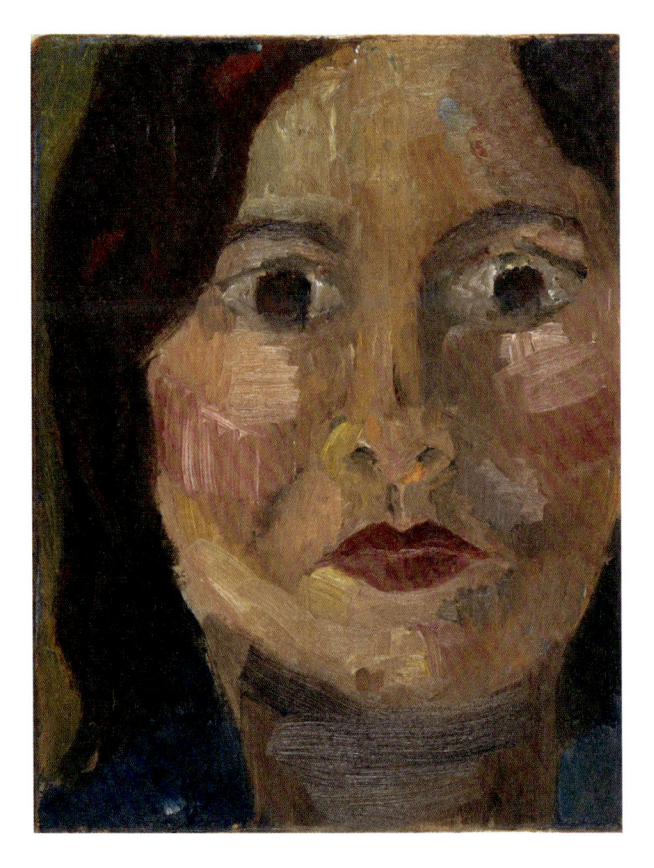

Acryl auf Leinwand, 40 x 30 cm, LW069

nicht. Die hintereinander gestapelten Bilder waren ihr abschließendes Wort zum Thema „perspektivisch korrekter Raum".

Vera Laros interessierte sich mehr für Menschen, zuerst für sich selbst, aber dann vor allem für die Beziehungen zwischen Menschen, ihr soziales und mentales So- und Aufeinanderbezogensein, das Miteinander und Gegeneinander ihrer Körper, ihre Bewegungen. Ablesbar ist dieses Interesse an einer Serie von mindestens zwölf erhaltenen Selbstporträts. Das beginnt gegen Ende des Jahres 2003 mit drei Arbeiten, in welchen sie ihr Gesicht nahezu flächenfüllend ganz an den vorderen Bildrand rückte, so als sei es nur durch eine unsichtbare Glasscheibe daran gehindert, in den Raum des Betrachters vorzustoßen. Ihr Gesicht wirkt dadurch breit und durch einen pastosen Farbauftrag fast flächig. Die glanzlosen dunklen Pupillen verstärken den Eindruck einer gewissen Erstarrung, eines Eingefrorenseins, das weder durch einen Wimpernschlag noch durch die kleinste Andeutung eines Lächelns gemildert wird. Ernst, wie schockiert vom eigenen Anblick, sieht uns die Künstlerin hier an, – ihr Statement „… Basta. Ich gebe nichts. Bilder als Oberfläche…" drängt sich in den Sinn.

Das gilt auch für die darauf folgende Serie der Selbstporträts, in welchen das nun heller leuchtende Gesicht, umkränzt von einem dunklen Haarkranz, nicht mehr ganz so ausschnitthaft nahe gerückt, vor einen jeweils einfarbigen Hintergrund gesetzt ist. Rot, Grün, Gelb, später auch ein leuchtendes, ins Türkis spielendes Blau sind die Farben dieser Hintergründe. Das ist ganz so, wie es in der Zeit Martin Luthers von Cranach, Holbein und Dürer praktiziert wurde mit dem Unterschied, daß diese Maler den Porträtierten, ihren Auftraggebern, gelegentlich etwas schmeichelten. Dagegen scheint es sich Vera Laros zur Aufgabe gemacht zu haben, ihr Gegenüber im Spiegel so schonungslos direkt, ernst und abweisend zu präsentieren wie nur irgend möglich. Keineswegs ist das aber mit „coolness" zu verwechseln. In diesen Bildern geht es nicht darum, den Betrachtern auftrumpfend zu vermitteln: „Basta. Ich gebe nichts…". Es ist in diesen Bildern vielmehr der andere Teil von Vera Laros' Statement zu erkennen: "… darunter ist das riesige, dunkle Meer. Das bin ich." Der

Acryl auf Leinwand, 100 x 100 cm, LW026

Lucas Cranach d.Ä. (Werkstatt)
Martin Luther, um 1540
Öl auf Holz, 62,5 x 48,5 cm
Kunstsammlungen der Veste Coburg, Inv. M 59

intensive Blick ist hier in Szene gesetzt, die Augen sind weit offen, gerade so als bohrte sich der Blick in sein Gegenüber.

Alexej von Jawlensky hat solche Augen vor dem Ersten Weltkrieg und noch während des Krieges gemalt – „Die schwarzen Augen", 1912 , „Nemesis", 1917 oder „Rabenflügel II" von 1918 sind Beispiele dafür. In einem Skizzenbuch von Vera Laros taucht Jawlenskys Name auf. Aber es wäre verkürzt, wollte man diese bohrenden, gleichwohl blicklosen Blicke auf eine Referenz zu Jawlensky reduzieren, auch in ägyptischen Totenporträts, wie sie gelegentlich im Sand der Wüste gefunden werden, und in der byzantinischen Kunst begegnet uns diese zwingende Konfrontation.

Selbstporträts in Dreiviertelansicht mildern diesen Eindruck des forschenden Blicks nur wenig, – erst ein Bild, in welchem Vera Laros dem Betrachter auch noch die Zunge herauszustrecken scheint, scheint eine versöhnliche Note ins Spiel zu bringen. Vorbereitet wurde dieses wichtige Werk durch eine Serie von Fotografien, in welchen die Künstlerin offenbar verschiedene Affekte auszudrücken versuchte, wobei es dabei wohl um Wut, Abwehr und Distanz ging (S. 180). Albert Einsteins Fotoporträt mit herausgestreckter Zunge, wer würde es nicht kennen? Mag sein, daß sich Vera Laros an dieses Foto erinnerte, aber wahrscheinlicher ist, daß sie in einer Ausstellung die Wachs-Köpfe von Bruce Nauman gesehen hat, in welchen es allerdings scheint, als würden diese Personen nicht ihre eigene Zunge herausblecken, sondern als steckte eine fremde Zunge in ihrem Mund.

Dieses Motiv einer fremden Zunge, die in Vera Laros' Mund zu stecken scheint, nimmt auch ihrem Bild jede Fröhlichkeit. Was wir sehen, ist nicht eine Künstlerin, die dem Betrachter übermütig zwinkernd die Zunge herausstreckt, sondern wirkt eher wie eine Knebelung und der fragende Blick unterstreicht das Gefühl der Verunsicherung und einer

Alexej von Jawlensky, Rabenflügel II, 1918
Öl auf Karton, 34 x 25 cm
Leonard Hutton Galleries, New York

Arthur Sasse, Albert Einstein mit herausgestreckter Zunge, 1951, Fotografie
Alpha Historica / Alamy Stock Foto

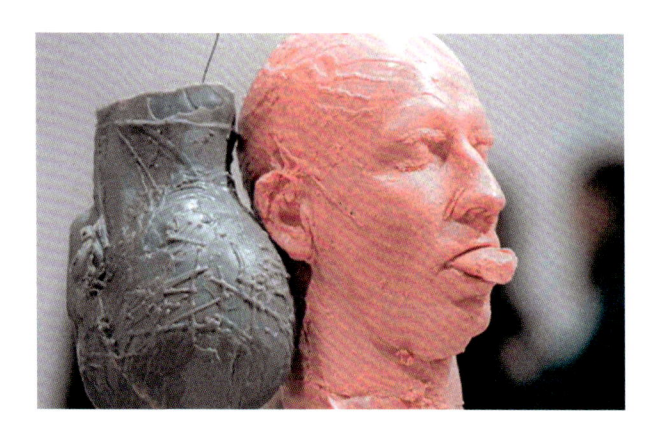

Bruce Nauman, Ten Heads Circle / In and Out (Detail)
Kunstmuseum Wolfsburg

Acryl auf Leinwand, 60 x 40 cm, LW063

gewissen Anspannung. Das Bild wird damit zu einer ernsten Befragung der eigenen Person und des Maßes von Fremdbestimmung, dem die Künstlerin sich auszusetzen bereit war.

Abgesehen von den Porträts beschäftigte sich Vera Laros an der „Freien Kunstakademie" auch mit der Darstellung von ganzen menschlichen Körpern und von Körperteilen, wie etwa einem Fuß. Wie dem „Selbstporträt mit herausgestreckter Zunge" gingen auch dem Porträt ihres rechten Fußes Fotografien voraus, ebenso existieren einige Fotos anderer ihrer Körperteile. Aber die wesentliche Vorlage für den Akt waren doch Bleistiftzeichnungen, die vor professionellen Aktmodellen entstanden. Sind diese Bleistiftskizzen noch wenig kunstvoll bemüht um die richtigen Proportionen, um die Erfahrbarkeit von Körperlichkeit, um Räumlichkeit, zeigt sich in einem kleinen Gemälde bereits der Ansatz zu einer ganz anderen Sicht auf den nackten menschlichen Körper. Ein „hockender Akt" zeigt Laros' Interesse an interessanten Posen und einen frischen, unverbrauchten Blick darauf, wie mit einer Körperdarstellung ein Bild zu komponieren und zu dynamisieren sei. In diesem klug und raffiniert gestalteten Ganzkörper-Selbstporträt ist bereits etwas von dem zu erspüren, was die Kunst von Vera Laros ausmachen sollte.

Die „Freie Kunstakademie" war für die handwerkliche, technische Ausbildung der jungen Künstlerin sicher wichtig. Hier bekam sie nicht nur Aufgaben gestellt und Anregungen, die ihren Blick weiteten, der Umgang mit den Mitstudierenden und den Lehrenden, auch mit deren Kritik, war für die Entwicklung ihrer Malerei vorteilhaft, und doch drängt sich der Eindruck auf, daß sie froh war, das Studium hier 2009 abzuschließen. Einen Skizzenblock beendete sie mit dem Satz: „Find my own Way out of here". Längst schöpfte sie da ihr Verlangen, ihren Ideen zur Gestaltung zu verhelfen, aus ganz anderen Quellen. Zwar hatte sie an der Ausbildungsstätte auch erste Versuche in „Abstraktion" gemacht, aber schnell bemerkt, daß sie das eher zu flacher Dekoration führen würde. So vermerkte sie zwar auf dem Keilrahmen eines kleinen Bildes 2006 noch stolz „erstes abstraktes Anfang 2006" und aus dem selben Jahr gibt es eine kleinformatige Serie von neun Bildern, in welchen sie verschiedene Konstellationen der Farben Rot, Blau und Weiß erprobte, sowie 2007 eine ebenfalls kleinformatige Serie von 13 Bildern, in welchen sie mit Zeichen und Buchstabenfragmenten experimentierte, aber daß sie sich nie im großen Format mit Abstraktion auseinandersetzte, zeigt, wie schnell sie das Interesse daran verloren hatte.

An der Schule hatte sie auch Aquarellfarben erprobt, aber das war im Konventionellen, oft Gesehenen stecken geblieben. Auch die aquarellierten Landschaftsdarstellungen, die sie von ihren Urlaubsreisen nach Tunesien, Ägypten und in die Türkei zurückbrachte, beschränken sich auf das flüchtige Festhalten von Landschaften, Wetterstimmungen und Pflanzen, – sie fanden keinen Eingang in ihr zu Hause entstandenes Oeuvre (S. 62). Selbst eine Serie von aquarellierten Gesichtern, die in ihrer Anlage gelegentlich vage an die Aquarelle von Marlene Dumas erinnern, geht über einen Studiencharakter nicht hinaus (S. 96).

Ihr eigentliches Thema fand Vera Laros in ihrem eigenen Leben, ihrer eigenen Wahrnehmung der Welt und in ihrer eigenen Gefühlswelt. Jenseits des klassischen Kanons von Stilleben, Landschaft, Porträt, abseits der Pflichtaufgaben, suchte und fand Vera Laros eine ganz eigene Welt, eine Welt, deren Formensprache, – ebenso wie ihre Themen und Sujets –, der Welt der Klassik und jeder traditionsgebundenen Kunstauffassung diametral entgegenstand.

Aufzuscheinen beginnt diese eigene Weltsicht zum ersten Mal in ihrem Skizzenbuch aus dem Jahr 2007. Auf eine Serie von akademischen Aktstudien in Bleistift und Kohle folgen hier Blätter, in welchen aus den eben noch um anatomische Korrektheit bemühten Akten große, hängende Köpfe an dünnen Hälsen herauszuwachsen scheinen, während sich die Arme und Beine der Figuren in die Länge ziehen, um den Körper schlingen, und das Ganze in ein jugendstilhaft in sich verflochtenes Ornament verwandeln. Einzelne Körperteile, vor allem sind es die Arme, Hände, Beine und Füße, emanzipieren sich buchstäblich, werden überdimensional groß oder verschwinden in einer merkwürdigen und doch nachvollziehbaren perspektivischen Verkürzung fast ganz. Standen, lagen oder saßen diese Figuren zunächst

Acryl auf Leinwand, 40 x 60 cm, LW171

Bleistift auf Papier, 36 x 26 cm, SB02-017, 035, 046

noch einzeln und wie verloren, ohne Zusammenhang, in der Weite des Blattraums, füllen sie diesen nun ganz selbstverständlich komplett aus. Bestanden die Akte, die vor dem Modell entstanden, noch aus einem mühsamen Gestrichel, das Schatten, Proportionen und Raum zu einer Körperlichkeit zu verbinden suchte, ist an dessen Stelle jetzt die durchgehende, gleichmäßig gezogene, großzügige Linie getreten, eine Linie, die ganz ohne Schattenschraffur und völlig frei von perspektivischen Zwängen, Körper in das Weiß des Blattes schreibt. Diese Körper erscheinen auf den ersten Blick nicht immer sofort entzifferbar, geben aber dann doch beim näheren Hinsehen und wenn sich der Betrachter nur genug darauf einläßt, dem neugierigen Blick ebenso überraschende wie geglückte Figuren und Personenkonstellationen frei. In- und umeinander schlingen sich jetzt die Figuren, ein sanftes Wiegen und Wogen ohne harte Brüche, ohne auch nur, daß der Stift an irgendeiner Stelle mit mehr Druck angesetzt wäre, entsteht so. Die Köpfe sind entindividualisiert, oft auch nur durch die Nasenausstülpung in ihrer Bewegungsrichtung angedeutet. Zehen und Finger gibt es jetzt in beliebiger Zahl. Der Augen bedürfen diese Figuren kaum. Ein Rückgrat würde sie in ihren akrobatischen, fließend weichen Bewegungen nur hindern.

Und was wollen, was sollen diese einem schier unglaublichen, nahezu unerschöpflich anmutenden Formenreichtum entsprungenen Figuren und Figurenkombinationen nun erzählen?

Sie sind so etwas wie Stenogramme, die von extremer Körperlichkeit, wie sie im Tanz und in der Erotik eine Rolle spielt, berichten, – gelungene, ausgereifte Notate flüchtigster Momente, gerade so, als hätte Vera Laros immer wieder mit einer inneren Kamera Schnappschüsse gemacht von Situationen, die für andere, für Außenstehende, so gar nicht wahrnehmbar waren.

Es ist dabei seltener die Körpermitte, auf die sich alles konzentriert, es sind mehr die Extremitäten, die sich unendlich ausstrecken, die Hände und die Füße, die sich zu riesigen Formen ausdehnen und wie die Blätter eines Philodendron auffächern und spreizen können. Es ist, als wollten diese Arme und Hände

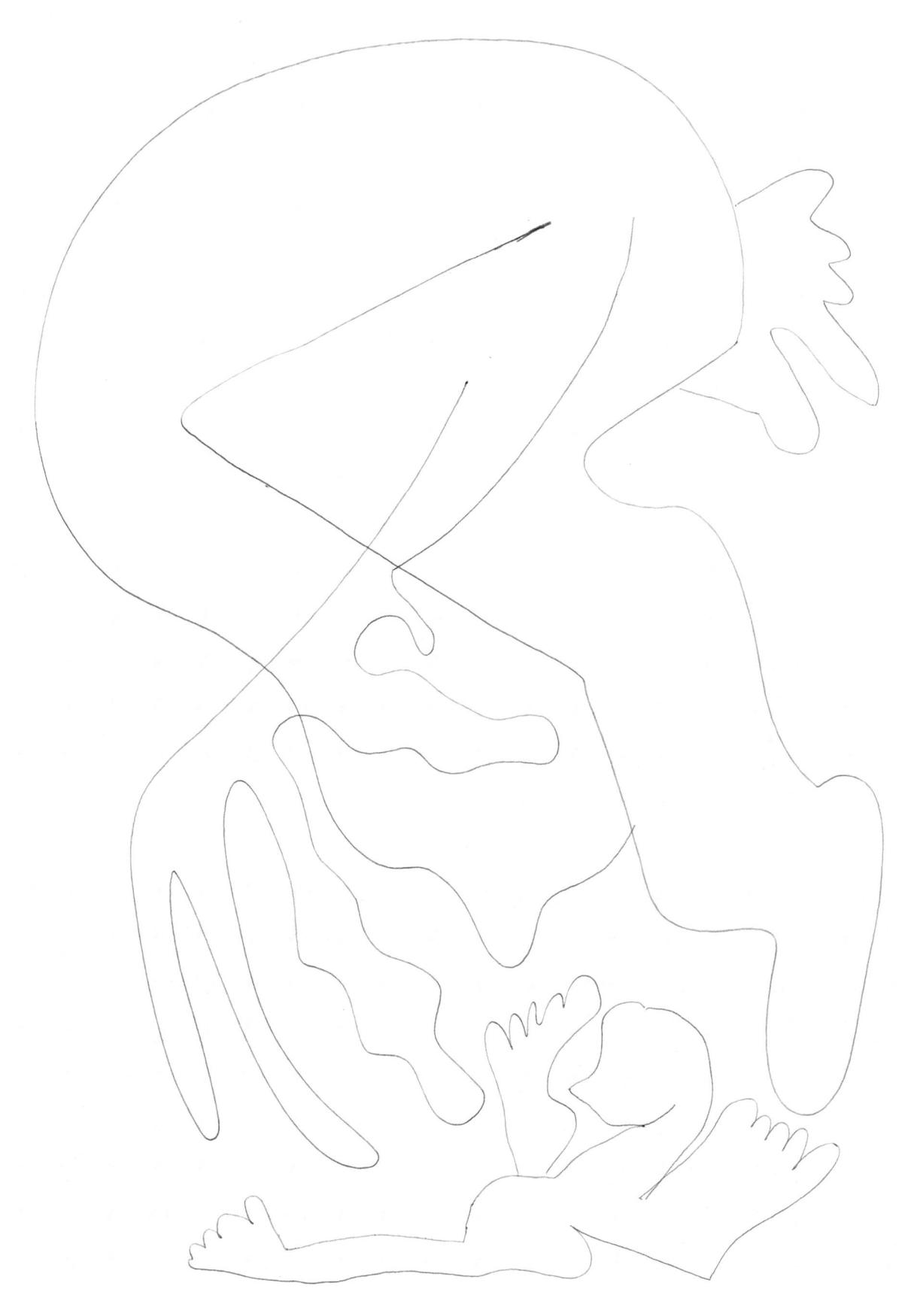

Farbstift auf Papier, 36 x 26 cm, SB02-050

die ganze Menschheit umschlingen. Die Hände an ihren überlangen Armen können auch zu Flügeln werden und die Füße zu überbreiten und dicken Sockeln, über welchen sich die elegantesten Tanzfigurationen in die Höhe schrauben.

Befragt man diese Blätter in den Skizzenbüchern auf ihre Bezugspunkte in der Geschichte der Bildenden Kunst, fallen einem als erstes die anamorphotischen Verstreckungen aus der Zeit des Manierismus ein. Parmigianinos „Selbstporträt mit konvexem Spiegel" von 1524 etwa liefert ein Vorbild für die Überdimensionierung der Hand, aber was bei ihm die feine Beobachtung eines optischen Phänomens bleibt, ein Erzeugnis des l´art pour l´art, wird für Vera Laros zu einer symbolperspektivischen Notwendigkeit, ohne deren Hervorhebung sich die räumliche Disposition ihrer Figurationen nicht erklären und erschließen ließe.

In der neueren Kunst sind es zahlreiche Künstler, zu deren Werken sich einzelne Verbindungslinien ziehen. Da sind die skurrilen Figurenkompositionen von Friedrich Schröder-Sonnenstern ebenso zu nennen wie die plastisch drastischen Bilder gequälter Puppen von Hans Bellmer, daneben aber auch der kauzige, leichte Humor im zeichnerischen Werk von Fritz von Herzmanovsky-Orlando, die lustigen Personen von Romane Holderried Kaesdorf oder die vereinfachten Figuren eines Jürgen Klauke; Max Ernsts Fabelwesen treten in den Gesichtskreis ebenso wie das Personal von Francesco Clemente. Die Tuschezeichnungen von Louis Soutter und Alfred Kremer, manche Zeichnungen von Louise Bourgeois und natürlich die „Strichmännchen" von A.R. Penck und Keith Haring könnte Vera Laros gesehen haben und auch die Neonfiguren von Bruce Nauman. Mit Sicherheit kannte sie die Linienbilder von Mirò und Zeichnungen von Paul Klee. Vor allem Mirò und Klees späten Zeichnungen sind manche der Arbeiten von Vera Laros nahe, aber wiederum nicht so nahe, daß sie 1 : 1 aufeinander zu beziehen wären. Vera Laros hat sich weder von Mirò noch von Klee einfach etwas „abgeschaut". Nahe war sie diesen Künstlern eher im Geiste, im Versuch, optimale Leichtigkeit mit einer sicheren, alternativlosen Strichführung zu verbinden, Figurationen zu entwerfen, die möglich, auch wahrscheinlich, aber keineswegs zwingend so sein sollten.

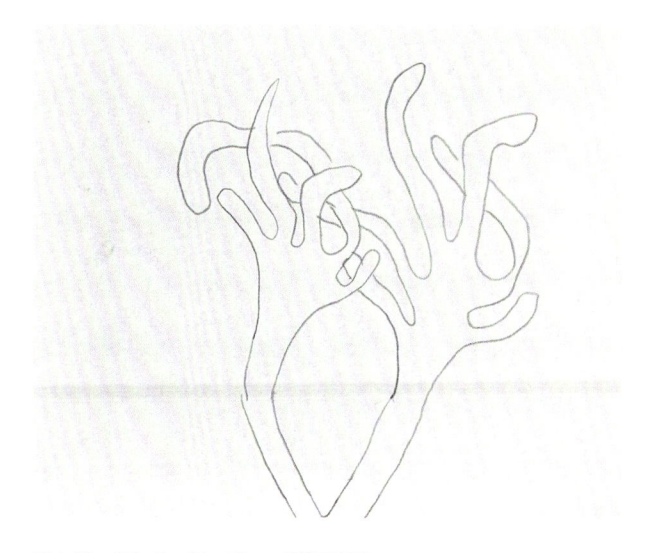

Bleistift auf Papier, 12 x 15 cm, SKBG030

Parmigianino, (Girolamo Francesco Maria Mazzola)
Selbstporträt im konvexen Spiegel, 1523/24
Öl auf Pappelholz, Durchmesser 24,4 cm, Kunsthistorisches Museum Wien

JürgenKlauke, Augenblick, 1984
Mischtechnik auf Papier, 240 x 150 cm

Und ihre Quellen waren ganz verschieden: Bezogen sich Mirò und Klee gerne auf surreale Traumelemente und auf die – nur scheinbar – leichte Art, so zu zeichnen und zu malen wie es Kinder tun, sind Vera Laros' Quellen ebenso wie ihr Interesse in anderen Gefilden zu suchen.

Vera Laros suchte ihre Themen nicht in der Geschichte der Kunst oder bei irgendwelchen historischen Vorbildern, ihr Thema war der Mensch und die Beziehungen von Menschen zueinander und dabei spielte sie selbst als Reflexionsfolie die entscheidende Rolle.

Diese Malerin interessierte sich für klassische Musik ebenso wie für Pop-, Rock- oder Techno-Musik, für den Pas de deux des klassischen Balletts ebenso wie für die basic-moves im Breakdance. Hier, in den von Musik getriebenen Bewegungen und Körperdrehungen lag eines ihrer beiden Hauptthemen. In ihren Zeichnungen lassen sich deutlich die basic-moves des Hip-Hop erkennen und unterscheiden: Toprock, Footwork, Power-Moves und zahlreiche andere Figuren. Aber neben diesen Einzelfiguren gibt es auch und vor allem Figurenkonstellationen, seien sie vom Breakdance inspiriert oder anderen mehr oder weniger akrobatischen Bewegungen, die oft auch sexuell konnotiert sind. Und das Verblüffende ist, mit welcher absoluten Sicherheit Vera Laros diese Figuren und Figurengruppen ins Blatt gesetzt hat. Vergessen sind hier die bemühten Raum- und Proportionsstudien, die sie als Aufgaben in der Malschule zu bewältigen hatte. Es ist eine geradezu traumwandlerische Sicherheit, mit der Vera Laros die Doppelseiten ihrer Skizzenbücher mit Tänzern und anderen Figuren füllte und dabei eine so weite, offene Räumlichkeit evozierte, wie sie der Betrachter auch vor Alberto Giacomettis Piazza-Skulpturen empfindet. Figur und Ornament, Raum und Linie fallen hier auf das Glücklichste in eins; Laros gelingt es, in diesen Blättern ihrer Skizzenbücher die ganze Modernität, Offenheit und Sorglosigkeit von Verliebten und Hip-Hoppern einzufangen und dabei in den dünnen neonfarbigen Linien auch das Transitorische und Ephemere dieser Jugend- und Tanzkultur geradezu schmerzhaft erfahrbar zu machen. In diesen Zeichnungen wird klar, wo ihr eigentliches, zentrales

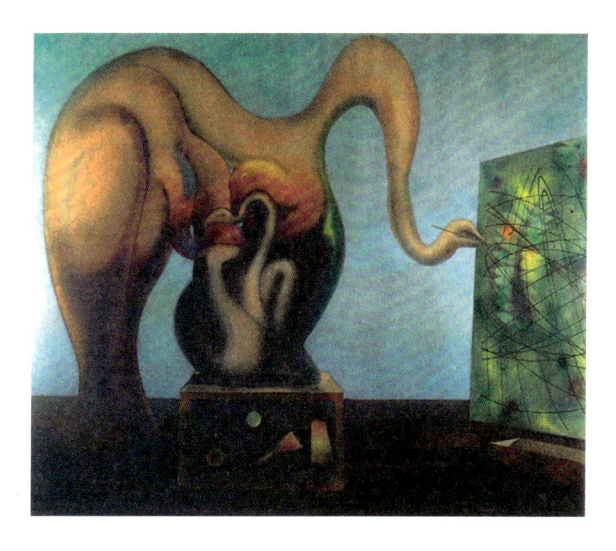

Max Ernst
Der Surrealismus und die Malerei, 1942
Öl auf Leinwand, 195 x 140 cm, CPLY Art Trust, New York

Louis Soutter
Autostyle, um 1940, Fingermalerei mit Tusche auf Papier
Svintage Archive / Alamy Stock Foto

Keith Haring, Monkey, Detail aus Tuttomondo, 1989
Peregrine / Alamy Stock Foto

124 | 125

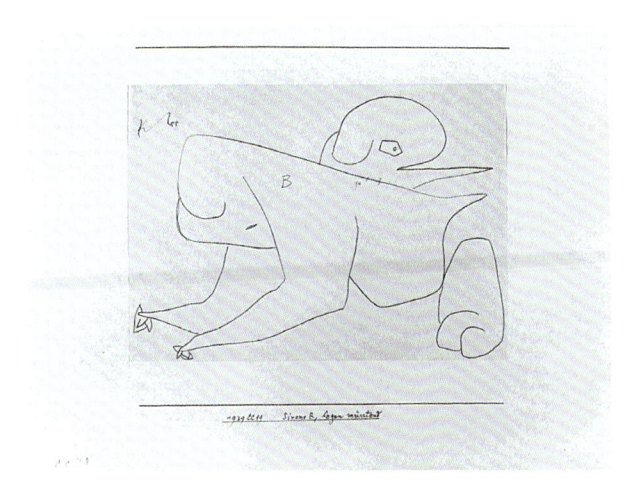

Paul Klee, Seirene B, legen müsstend, 1939
Bleistift auf Papier, 20,9 x 29,7 cm
Paul-Klee-Stiftung, Kunstmuseum Bern

Joan Miró, L´adultère (Der Ehebruch), 1928
Pastell und Gouache auf Sandpapier
72 x 108 cm, Stephen Hahn Inc., New York

Interesse lag, das sie mit Hilfe ihrer Kunst und da vor allem in den Zeichnungen ergründen und zum Ausdruck bringen wollte: Sie interessierte sich für das spannungsvolle Verhältnis von Menschen zueinander. Nicht von ungefähr finden sich am Ende eines ihrer Skizzenbücher, verbunden mit Zeichnungen glücklicher Paare, die von Herzchen umgeben sind, die Sätze: „ Allways hold on to your love!" und „Allways jump into your life!"

Zwar sind nicht alle ihrer Zeichnungen und kleinen Gemälde so fröhlich und lebensbejahend wie die der Verliebten von 2008, aber selbst in den melancholisch traurig anmutenden Bildern, in welchen die anonymisierten, weichen, nahezu rückgratlosen Figuren, die wie aus Gummi gemacht zu sein scheinen, zu abgestürzten Engeln mit traurig hängenden Flügelarmen mutiert sind, spielt die Musik noch eine wesentliche Rolle. Tina Turner, die englische Synthie-Pop-Gruppe Depeche Mode, die irische Singer-Songwriterin Sinéad O´Connor und die Geigerin Anne-Sophie Mutter erscheinen namentlich in den Skizzenbüchern neben Schauspielern wie Wesley Snipes und Sigourney Weaver. Ein Sänger und Tänzer, der namentlich nicht im Laros-Kosmos auftaucht, ist der amerikanische Pop - Soul - R&B - Rock - Sänger und Tänzer Michael Jackson, dem die Künstlerin allerdings ein kleinformatiges Gemälde widmete, das ihn bei seinem berühmten „moonwalk" zeigt.

Ihre ganz aus Musik, Rhythmus und Körperbewegung entstandenen Skizzen übertrug Vera Laros 2008 auch ins große Format, in Gemälde wie *„Sweet Dreams"* und *„Hells Angel"*. Im Zentrum dieser Gemälde steht jeweils eine anthropomorphe, monochrome Hauptfigur, die von kleineren andersartigen Figuren bedrängt, belagert und umfangen wird, die ihrerseits von noch kleineren und farblich zurückhaltender gestalteten Personnagen umspielt werden. Auf diese Weise entstehen Werke, in welchen alles dicht gedrängt erscheint und es Mühe macht, die Einzelfiguren überhaupt zu erkennen. Als „Wimmelbilder" könnte man diese Gemälde bezeichnen. Bekannt sind solche Werke aus dem Mittelalter zum Beispiel unter dem Begriff „Kreuzigung mit Gedräng". In der neueren Kunst finden sich solche Werke im Oeuvre u.a. von Daniel Richter, Erró oder

Bleistift auf Papier, 10,5 x 14,8 cm, SKBG-007, 009, 071, 072, 073, 076

Acryl auf Leinwand, 200 x 200 cm, LW001

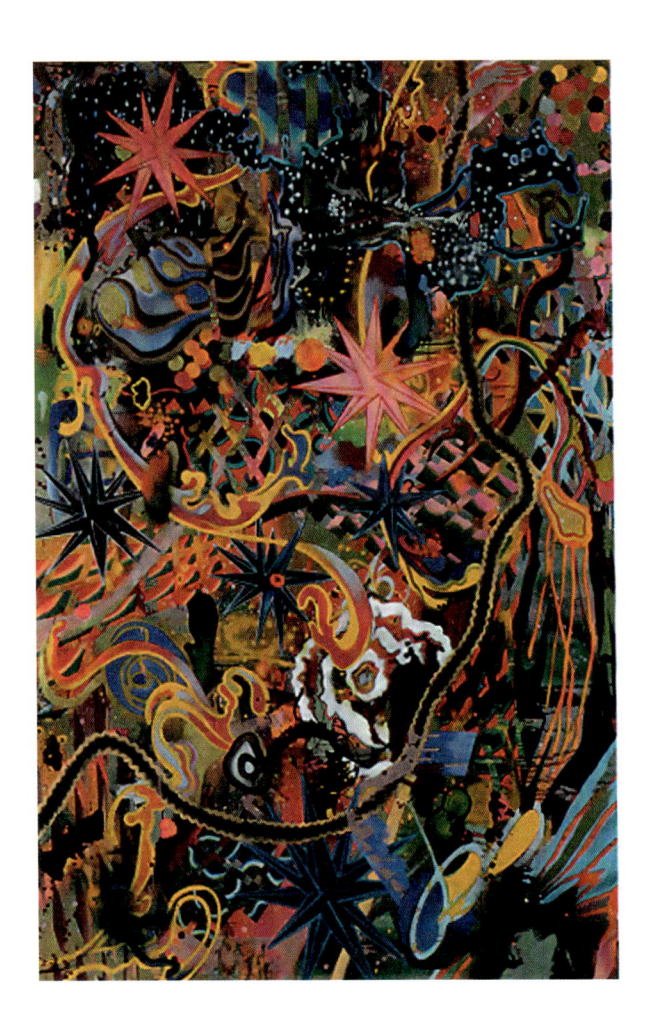

Daniel Richter, Babylon Disco vs. Disco Babylon, 1999
Öl und Lack auf Leinwand, 225 x 145 cm
Contemporary Fine Arts, Berlin (Foto: Jochen Littkemann, Berlin)

Fahlström. Davon unterscheiden sich Laros' Gemälde aber in ihrer Art der Priorisierung der Bildelemente deutlich; denn „Apfelmännchen", wie sie aus der Fraktalen Geometrie bekannt sind, umspielen hier die Hauptfiguren als abhängige Nebenfiguren in absteigender Folge bis hin zu einfachen Bleistiftskizzen, die in diese Acrylgemälde eingeschrieben sind. Chaos, Ordnung und Unterordnung gehen hier eine bildnerische Synthese ein, die zwar an weit entfernte Referenzpunkte wie Rubens' Höllenstürze oder Hieronymus Boschs Höllen-Massaker erinnern, aber andererseits doch ganz der Formensprache des 21. Jahrhunderts, die auch das Repertoire des Comic und Manga umfaßt, zugehören.

Als Solitär ragt aus diesem Gemäldezyklus das Bild „(Alles) Langfinger" vom 30. Juni 2008 heraus. In einer schwarzen Hauptfigur, die sich auf unsicheren Beinen so in sich zusammenrollt, daß die Nase ihren Nabel berührt und der entstehende Innenraum als negativ weiße Form eine Art amöbenhafte Embryofigur ausbildet, während die wie Äste verdorrten Arme kraftlos vor dem Körper baumeln, finden mehrere Motivgruppen zusammen und zu einem bildnerischen Höhepunkt. Lineare Tanzfiguren sondern wie ein breiter Fries in der Art von Pierre Alechinsky die Bildränder in einem sanften Grau vom Weiß des Leinwandraums und zugleich von den Farben des realen Umraums ab. Die zentrale, schwarze Figur ist zu einer buchstäblich in sich gekehrten Gestalt geworden, deren verdorrte Arme jetzt mehr an die Flügelarme vorangegangener kleinerer Gemälde anknüpfen.

Dieser umlaufende Fries ist insofern von großer Bedeutung, als er die zentrale schwarze Figur nicht als völlig distanziert vom Getriebe der Welt dastehen lässt, sondern diese geradezu tragische Ausformulierung des Themas der Selbst-Isolierung mit dem Rest der Welt verbindet, der allerdings vor der Wucht dieser Person und ihres Schicksals verblasst. „Ich schliesse mich in mich selbst ein", nannte der große belgische Symbolist Fernand Khnopff 1891 eines seiner bedeutensten Gemälde, – aber seine weibliche Protagonistin erscheint darin längst nicht so auf sich zurück geworfen wie die Figur in Vera Laros' Gemälde.

(Alles) Langfinger, 2008, Acryl und Neonstift auf Leinwand, 200 x 200 cm, LW005

Neonmarker, Farbstift auf Papier, 12 x 15 cm, SKBG-025

Acryl auf Leinwand, 60 x 40 cm, LW064

Zeichenstift auf Papier, 36 x 26 cm, SKB03-049

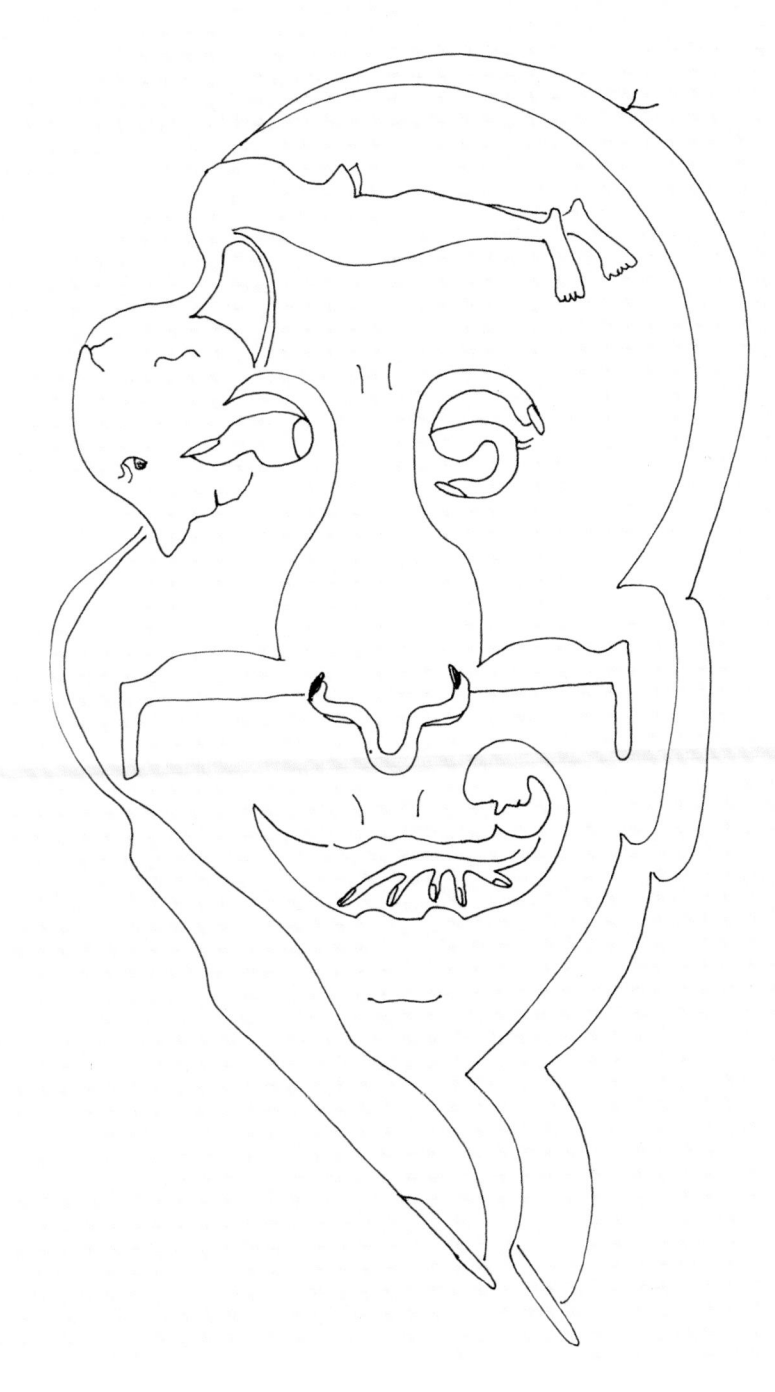

Eine enigmatische Figur ist so entstanden, die einerseits an Jürgen Klaukes Schwarz-Weiß-Figuren erinnert, andererseits an Jörg Immendorffs hexenhaft schöne nackte „Fortuna" aus dem Jahr 2000, die ihrerseits auf Baldung Griens Bildfindung von 1512 zurückgeht. Mit diesem düsteren Bild hat sich Vera Laros in die Geschichte der Bildenden Kunst eingeschrieben.

Neben die großartig gelungenen Zeichnungen von Figuren trat im Sommer 2009 der Themenkreis Porträt, Selbstporträt, Maske und Maskierung in den Skizzenbüchern auf und wurde zu einer Beschäftigung, die die Künstlerin über Jahre hinweg fesselte und schließlich in großformatige Gemälde mündete. Dabei ist es geradezu spannend zu verfolgen, wie die Künstlerin das Thema Porträt und Maske für sich entwickelte. Am Anfang dieser Serie stand nämlich keineswegs das Oval eines Gesichts, in das dann Organe wie Augen, Nase, Mund eingefügt – und um Accessoires wie Herzchen, Tränen, Tattoos oder Piercings ergänzt worden wären, vielmehr setzten sich schon die ersten Köpfe , – von Porträts fällt es in diesem Zusammenhang schwer zu sprechen – aus Körpern und Körperteilen wie Armen, Fingern, Füßen zusammen. Zeigen die ersten Seiten eines Skizzenbuches, begonnen am 16.6.2009, noch allerhand lustige und skurrile, zumeist weibliche Figuren, ändert sich das Szenario mit Blatt 41: hier ist zum ersten Mal ein Kopf zu sehen, dessen Hals sich nach unten zu einer Hand mit überlangen Fingern entwickelt, während dort, wo die Haare ansetzen sollten, zwei kleine Figuren Tränen vergießen. In Blatt 44 wird das geschlossene Gesichtsoval von Fingern „überwuchert" und es hängen Füße am Kinn; in Blatt 49 werden die Umrisse des Gesichts von langen Fingern gebildet und das setzt sich so fort bis schließlich in Blatt 76 das Gesicht fast ganz aus Fingern, Füßen und ganzen Figuren zu bestehen scheint.

Aus der Geschichte der Kunst sind es Medusenhäupter und die fantastischen gemalten Porträtbüsten des Manieristen Giuseppe Arcimboldo, die aus Obst, Gemüse, Fischen, Büchern und anderen Materialgruppen gebildet sind, die als Referenzpunkte für diese Gesichter und Masken von Vera Laros in Frage kommen. Aber wie bei ihren Tanzfiguren-Zeichnungen, die mehr mit Manga und Comic, mit Hip-Hop und

Zeichenstift auf Papier, 36 x 26 cm, SKB03-041

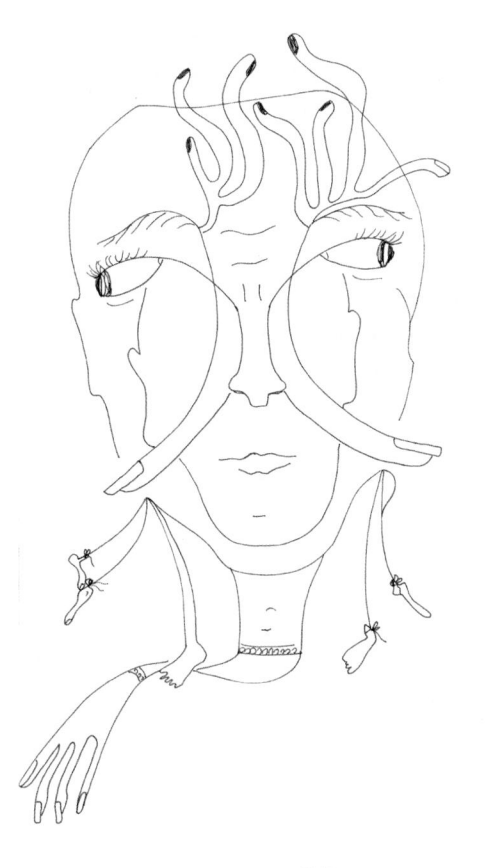

Zeichenstift auf Papier, 36 x 26 cm, SKB03 -044

Zeichenstift auf Papier, 36 x 26 cm, SKB03-076

Sex zu tun haben als mit Vorbildern aus der klassischen Malerei, liegen auch die Ursprünge der Köpfe und Masken weniger in der klassischen Kunst, sondern vermutlich näher. Das beginnt in ihrem persönlichen Lebensbereich, zum Beispiel mit dem auffälligen Schminken und Ankleiden, das junge Frauen vor Partys gerne gemeinsam durchführen, reicht über die Szene der Nachtclubs, der Stars und Sternchen hin zur Kostümierung für den Karneval und in die Kreise von Dragqueens und anderen queeren Lebensformen. Der Fantasie sind hier keine Grenzen gesetzt.

Richard David Prechts Buchtitel „Wer bin ich - und wenn ja, wie viele?" von 2007, der längst zu einem geflügelten Wort geworden ist, drängt sich angesichts der Vielfalt von Köpfen und Masken, die sich in Vera Laros' Skizzenbüchern findet, auf. In einem der Bücher finden sich an die 100 solcher Fratzen. Aber es wäre falsch, wollte man alle diese Gesichter dem Sektor Selbstporträt oder einer Suche nach der eigenen Persönlichkeit zuschreiben; denn zum einen sind nicht alle dieser Köpfe weiblich, es gibt auch – wenige – Männerköpfe dazwischen, wie etwa jenen auf Blatt 52, der mit „Christopher Walken" bezeichnet ist. Zum anderen wird in diesen Blättern auch deutlich, daß es sich hier weniger um eine ernste Selbstbefragung vor dem Spiegel handelt, wie das von Rembrandts zahllosen Selbstporträts, – zum Teil in außergewöhnlicher Kostümierung –, bekannt ist, sondern daß es vielmehr ein geduldiges, langwieriges Experimentieren und Spielen mit Formen ist, das zu einem neuen Bildtypus führen sollte. Mit unglaublichem Ideenreichtum kombinierte die Künstlerin in diesen Zeichnungen die unterschiedlichsten Elemente, immer mit dem Ziel, aus diesen Körperteilen, aus Fingern, Fingernägeln, übergroßen und dichten Wimpern,

Christopher Walken

Zeichenstift auf Papier, 36 x 26 cm, SKB03-052

Acryl auf Leinwand, 150 x 140 cm, LW173

großen Mündern, Tränen, Blutstropfen, Schmuckelementen, aber auch ganzen Körpern, aus geometrischen Figuren und Schraffuren neue, so nie gesehene Gesichter entstehen zu lassen.

Das ist keine bohrende Selbstbefragung. Diese Vorgehensweise erinnert vielmehr von Ferne an die écriture automatique und die cadavre exquis der Surrealisten. So wie die Surrealisten ihren Schaffensprozeß eng mit dem Freisetzen des Unbewußten verbanden, und sei es in halluzinatorischen Zuständen, die sie mit Hilfe von Drogen und Alkohol oder meditativer Übungen herbeiführten, so scheint sich auch Vera Laros, ganz ohne Hilfsmittel, in einen wahren Schaffensrausch versetzt zu haben, in dem sie losgelöst von Zeit und Raum, Seite um Seite ihrer Skizzenbücher mit den Zeichnungen groteskester Gesichter füllte. Diese Zeichnungen hatten dabei weniger mit ihrer Persönlichkeit zu tun als vielmehr mit ihrem Willen, als Künstlerin auf diesem Weg zu neuen Bildformen zu gelangen. Fantastische Gesichter, die ganz aus heterogenen Elementen, aus Körpern, Körperteilen, kleinen Episoden oder auch Gegenständen zusammengesetzt sein sollten, waren das Ziel. Es scheint sogar, als sei sie selbst geradezu überrascht gewesen von den Ergebnissen dieser Fingerübungen und Projektentwürfe; denn in einem ihrer Skizzenbücher fragte sie sich selbst verblüfft: „Warum male ich solche Bilder?" – Eigentlich sehe ich doch ganz normal aus. Oder?"

Ihre Skizzen überführte sie dann aber keineswegs direkt in große Leinwandgemälde, sondern dafür entwickelte sie wieder ganz eigene, andersartige Ideen. In diesem neuen Typus von großformatigen Gemälden verwendete sie Bruchstücke der Zeichnungen, mit welchen sie ihre Skizzenbücher gefüllt hatte, – insbesondere eine Serie von Gesichtern, die wegen ihres weit aufgerissenen Mundes, in welchem eine Reihe großer Zähne sichtbar wird, geradezu furchteinflößend wirken. Aber durch die zusätzliche Farbigkeit und Elemente aus der Natur wie Schmetterlinge, Blüten, Pflanzen, die das eigentliche Gesicht überwuchern, entstand in den großen Gemälden ein Bildkosmos, der schwer zu entschlüsseln ist. Ob die „Natur" das Gesicht oder der aufgerissene Mund die „Natur" verschlingt, läßt sich nicht mit Sicherheit sagen. Als ein Vexierspiel könnte man diese Gemälde bezeichnen, doch zugleich wohnt ihnen ein solcher Moment des Schreckens inne, daß der Begriff ›Spiel‹ dafür nicht mehr so recht angemessen scheint. In diesen großen Gemälden entfaltete Vera Laros eine ungeahnte Fülle an Formen, die sich mit einer erstaunlich sicheren Farbsetzung zu einzigartigen Kompositionen verdichten.

Entfernt erinnern diese so eigenständigen, ursprünglichen Bildmonumente an die kraftvollsten Werke der COBRA-Künstler, an Asger Jorn und Karel Appel, an Corneille und Constant; denn in ihnen steckt eine ganz ähnliche unbändige Kraft und Leidenschaft, aber mit dem Unterschied, daß die COBRA-Künstler ihr Temperament ganz offen, sicht- und fühlbar für jeden, auf ihren Leinwänden auslebten und ausbreiteten, während vor den Bildern von Vera Laros das Gefühl entsteht, ein gewaltiger Temperamentsausbruch stehe erst unmittelbar bevor. Diese Bilder wirken daher in einer gewissen Weise geradezu so gefährlich wie ein Vulkan, der jederzeit ausbrechen kann.

Es wäre dann mit den wüstesten Verheerungen zu rechnen und es ist ganz an der Künstlerin, solche Ausbrüche zu verhindern. Wie sich in der Katastrophe eines Vulkanausbruchs Schmerz, menschliches Leid und die außergewöhnliche Schönheit eines besonderen Naturschauspiels miteinander verbinden können, so scheint ein solches Potential auch in den Gemälden von Vera Laros zu stecken. Wie Francis Bacon mit seinen zerquälten Figuren ein ganz neues Bild für männliches Leiden fand, suchte offenbar auch Vera Laros in ihren Gesichtern nach einer Balance von Schmerz und Schönheit. Der weit aufgerissene, von Schmerz verzogene Mund einerseits und prächtige Blüten, die die Illusion eines Tropenparadieses erzeugen, andererseits, gehen in diesen Bildern eine unauflösbare Synthese ein.

Möglicherweise empfand Vera Laros die Divergenz zwischen dem So-Sein-Sollen, den Erwartungen der Gesellschaft an die Bildende Künstlerin, und ihr persönliches Freisetzen, Freigeben von Unbewußtem, ihre Bereitschaft, ihr Innerstes zum Ausdruck zu bringen, als eine Art von Scheitern, aber mit diesen so schrecklichen und so schönen Gesichtern ist es ihr gelungen, dieser Gesellschaft etwas Neues, eine andere Synthese von Schönheit und Schmerz – jenseits der christlichen Ikonographie – im Bild zu geben.

„Ich kämpfe gegen etwas Unsichtbares, Unfassbares an. Aber ich werde ›es‹ finden" hatte sie 2007 formuliert. In diesen, ihren Werken hat sie ›es‹ trotz aller Widerstände gefunden und in die hohe Form der Kunst überführt.

Gerhard Finckh

Francis Bacon, Head VI, 1949
Öl auf Leinwand, 91,4 x 76,2 cm, Arts Council Collection, London

Aquarell und Filzstift auf Papier, 29,7 x 31 cm, ML025

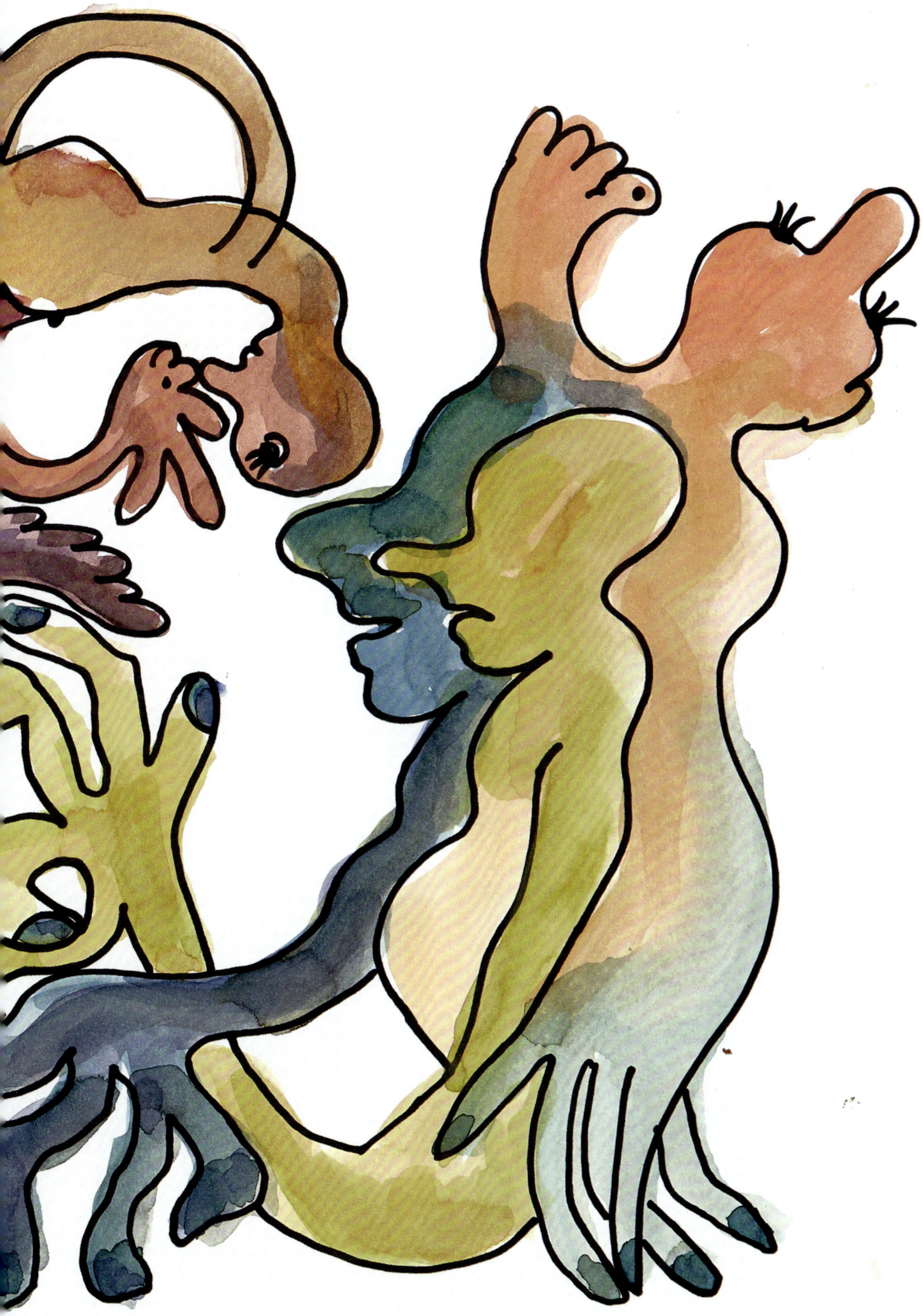

Aquarell und Filzstift auf Papier, 29,7 x 42 cm, ML004

Aquarell und Filzstift auf Papier, 29,7 x 42 cm, ML005

Aquarell und Filzstift, 29,7 x 42 cm, ML006

ML 008

Aquarell und Filzstift auf Papier, 29,7 x 42 cm, ML003

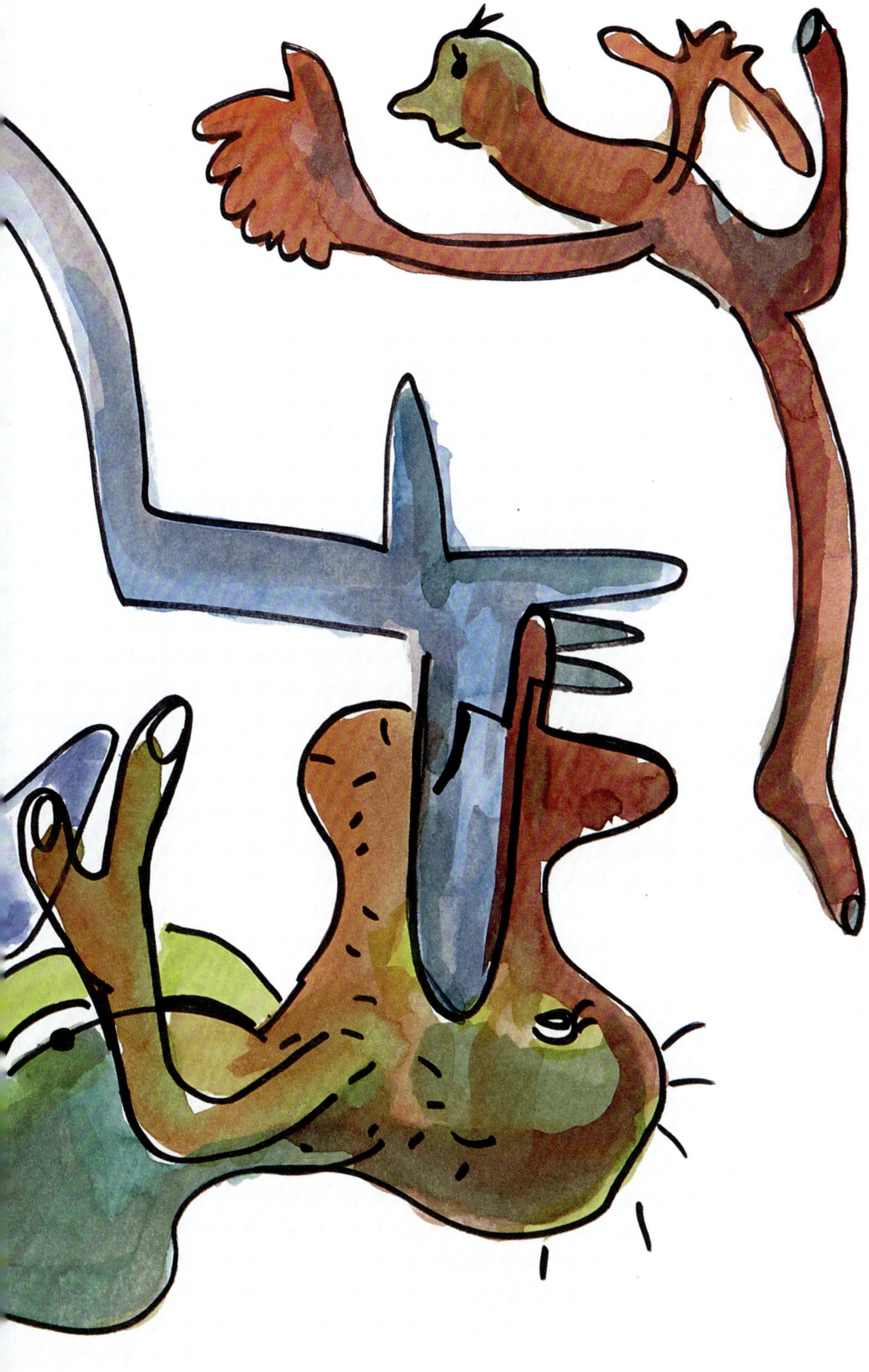

STARTED 29th OF SEPTEMBER 2009. "BEING DIFFERENT".

VERA :

"WARUM MALE ICH

SOLCHE

BILDER?"

EIGENTLICH, SEHE, ICH, DOCH, GANZ   normal aus.
                                            oder?

That's me

il Cowickus vidi meu sing!

That's me too!

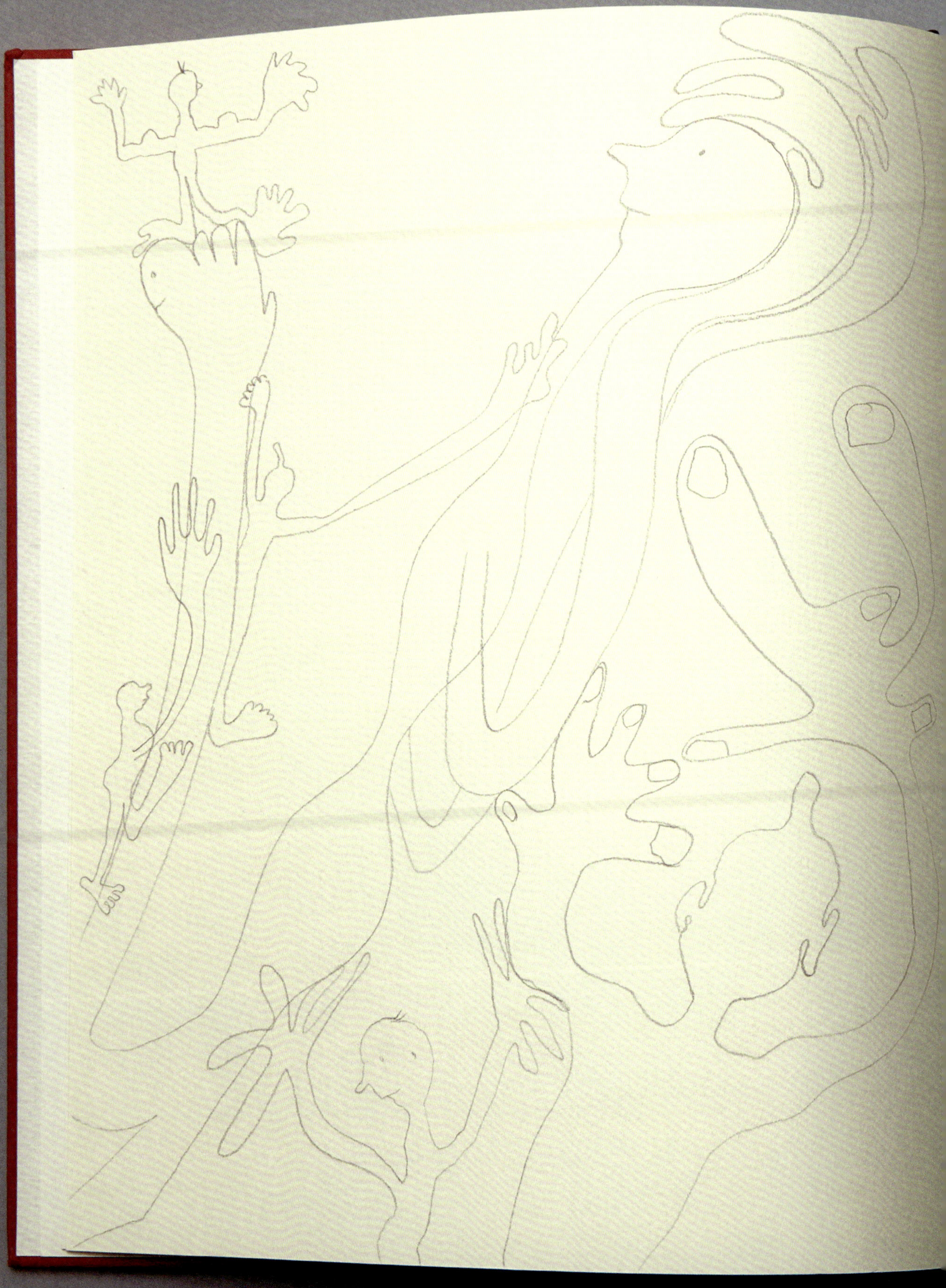

SKBR-008, 009

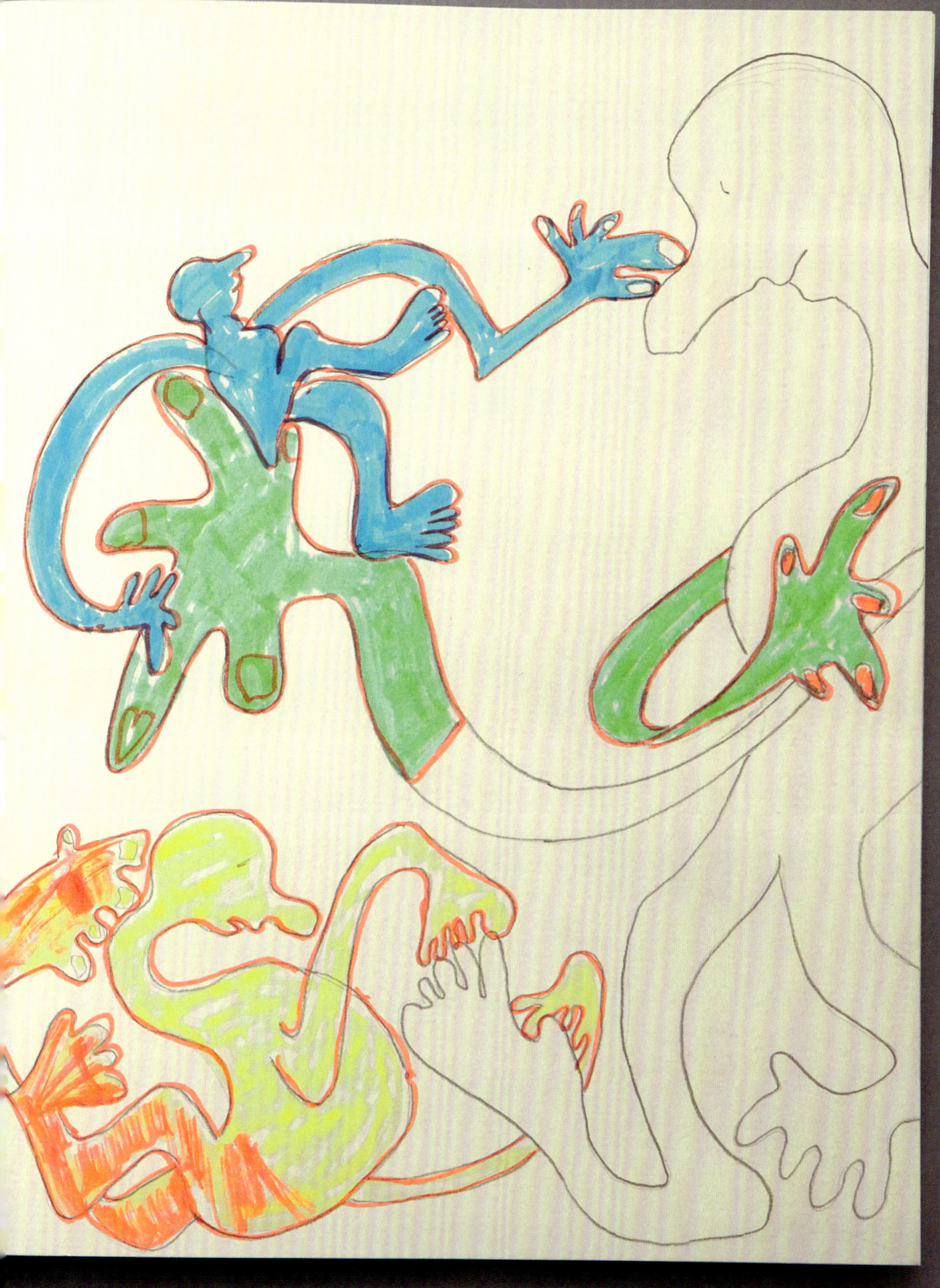

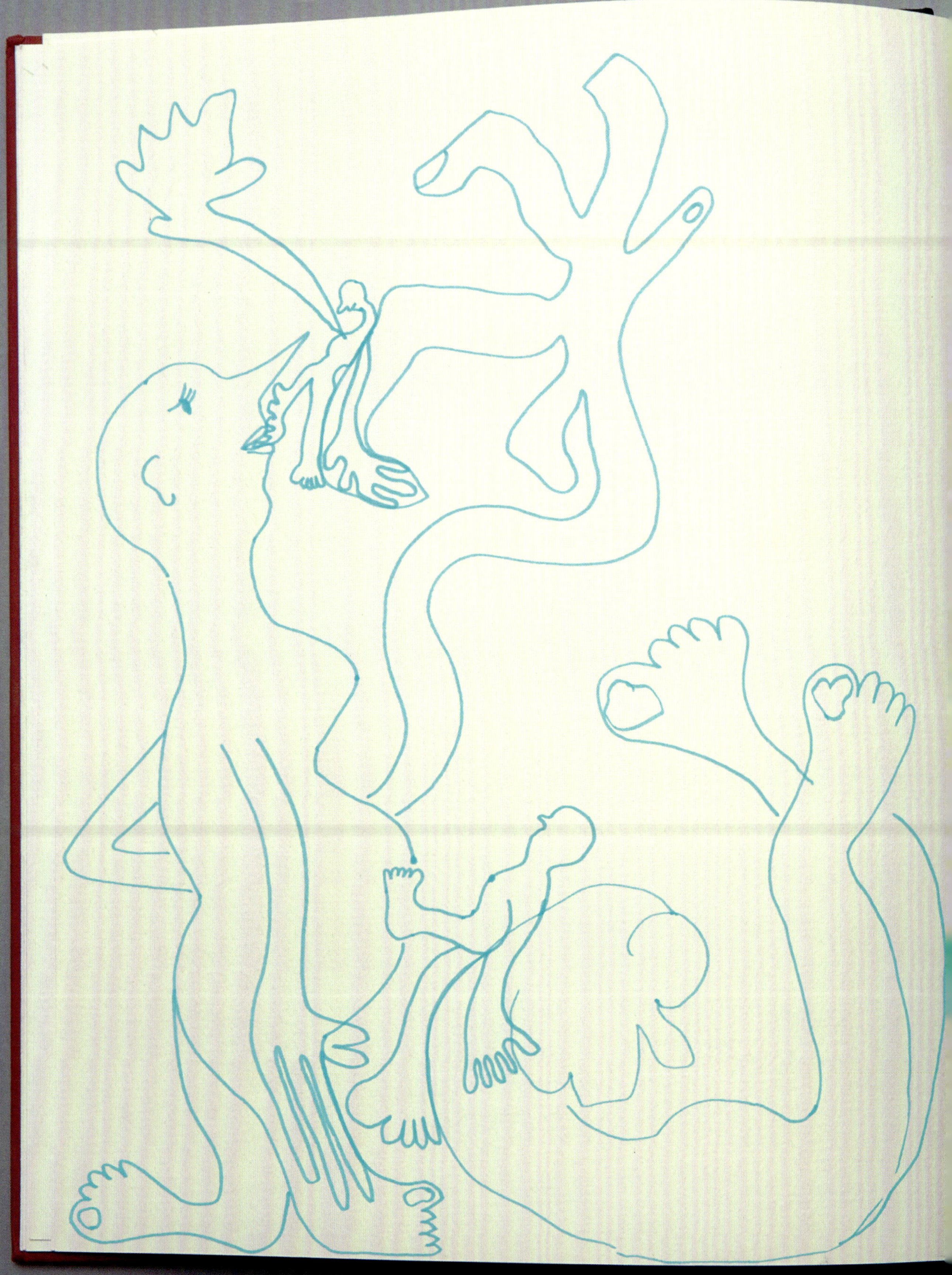

SKBR-016, 017

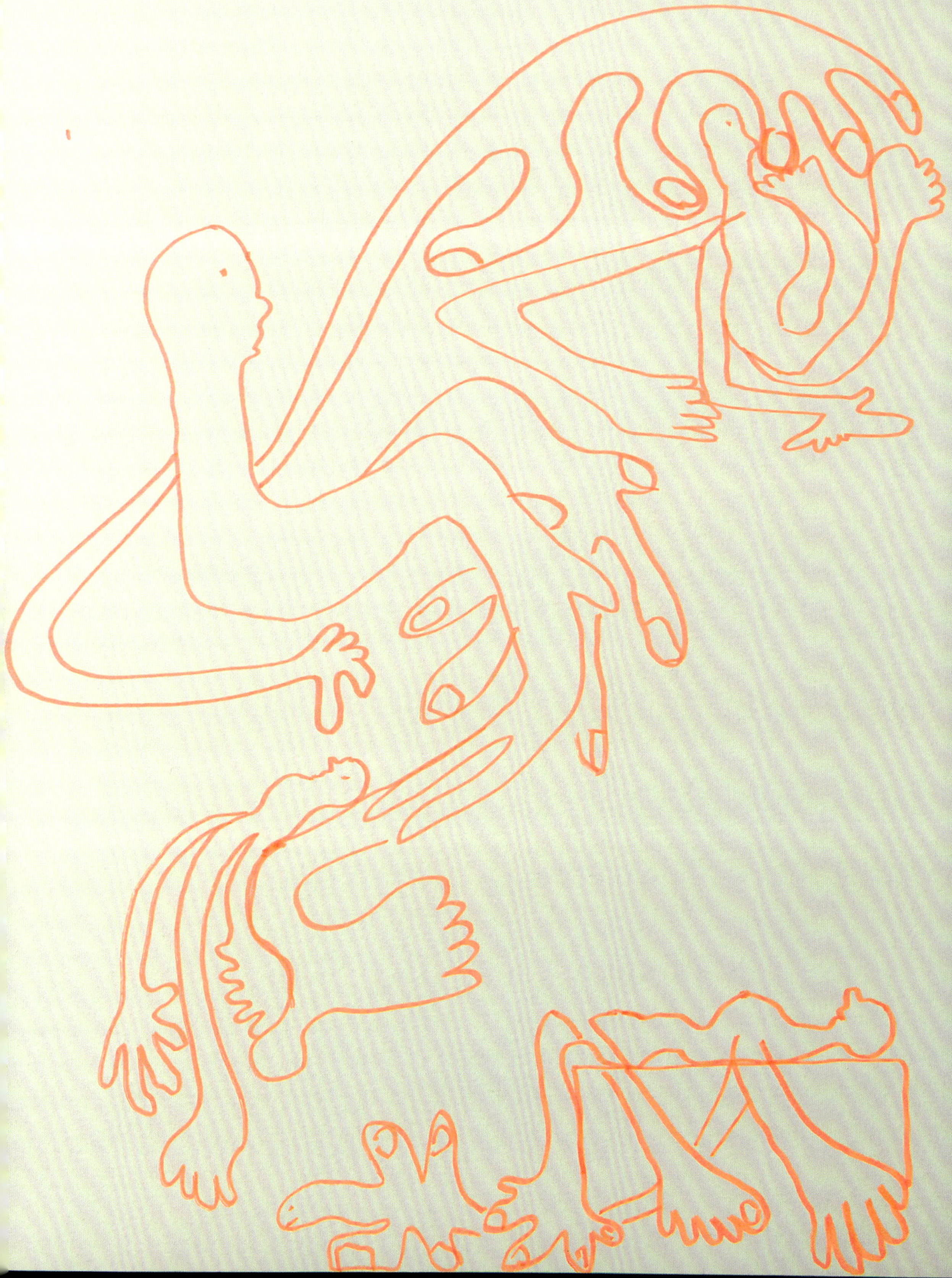

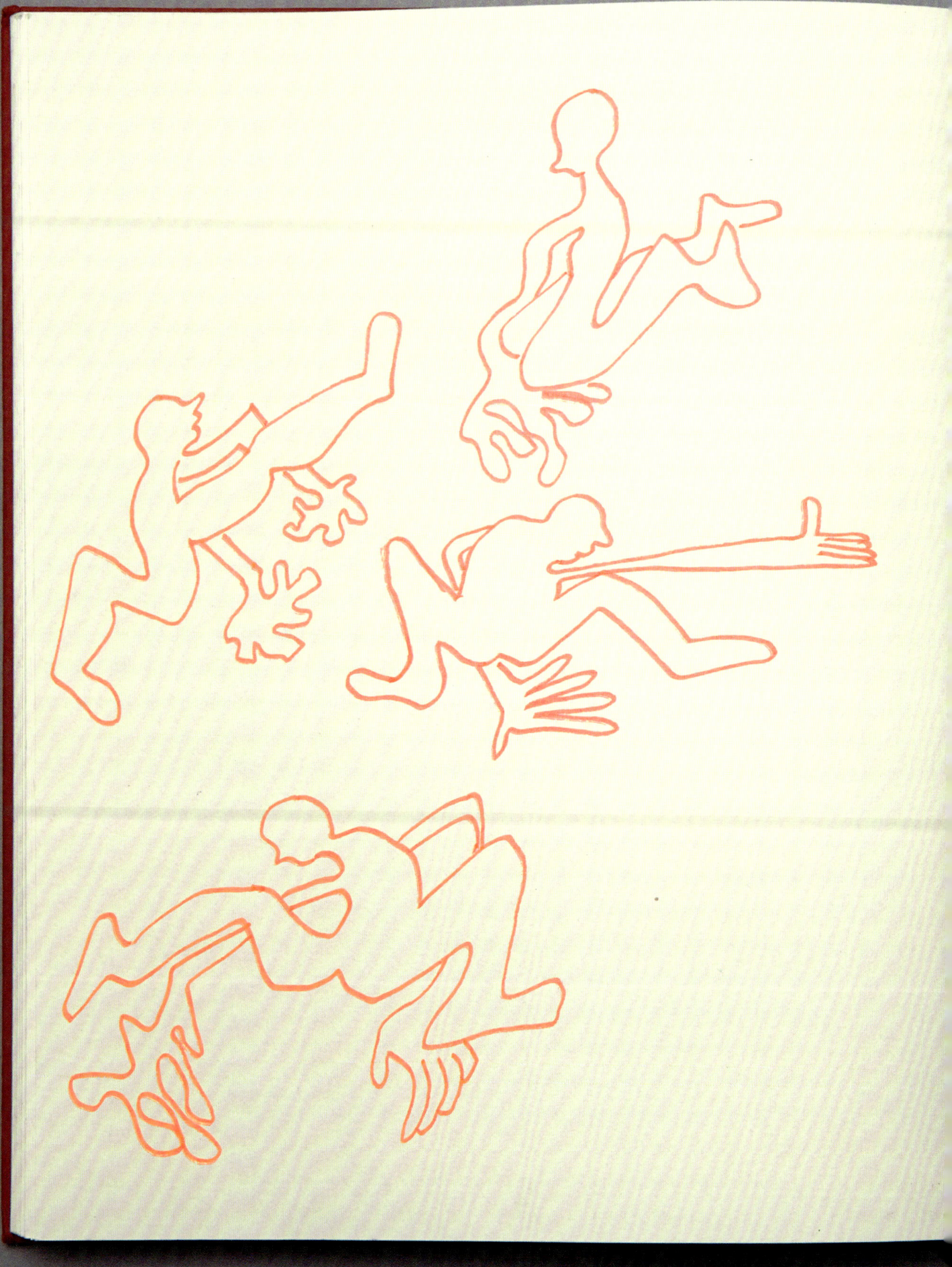

SKBR-072, 073

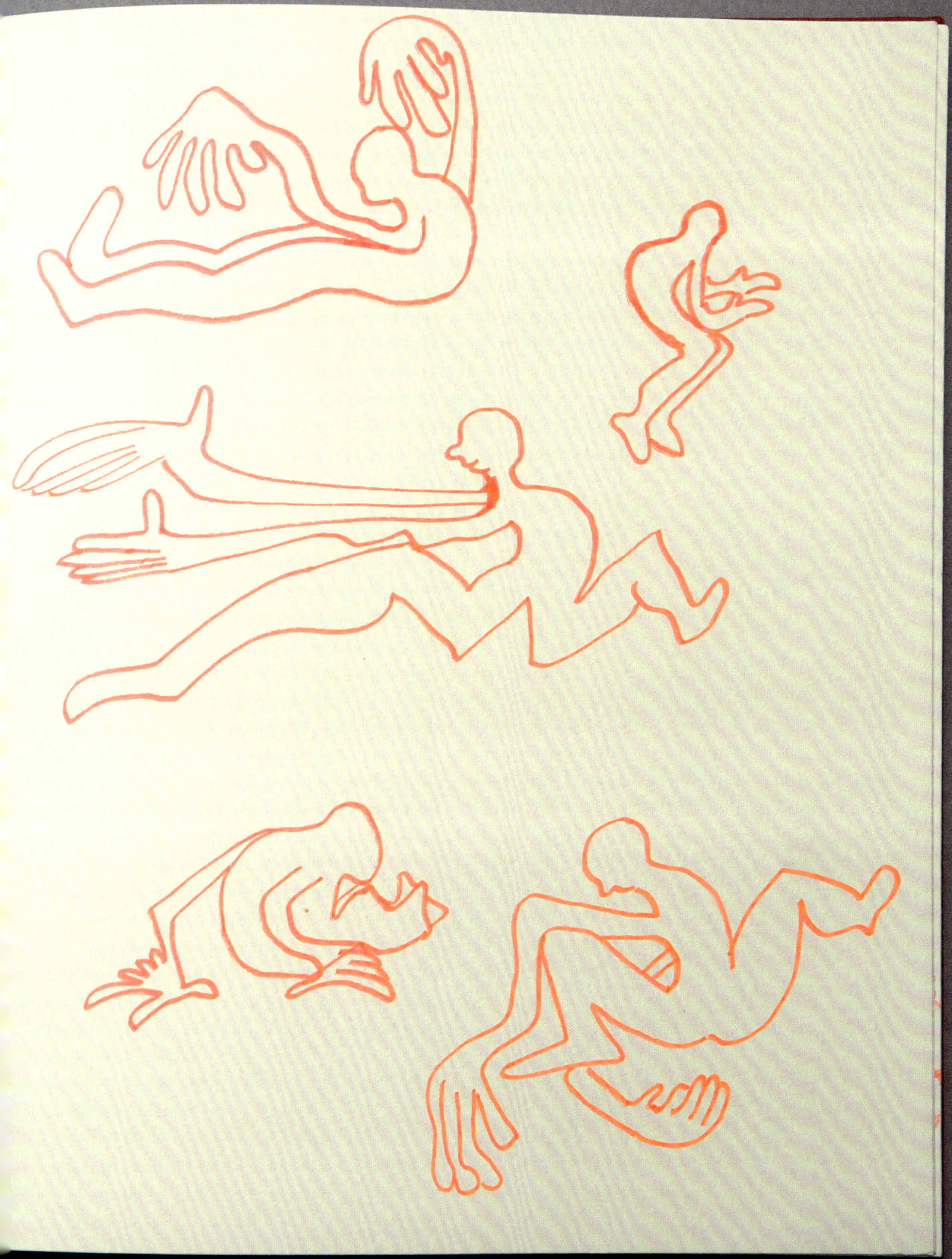

SKBR-074, 075

SKBR-076, 077

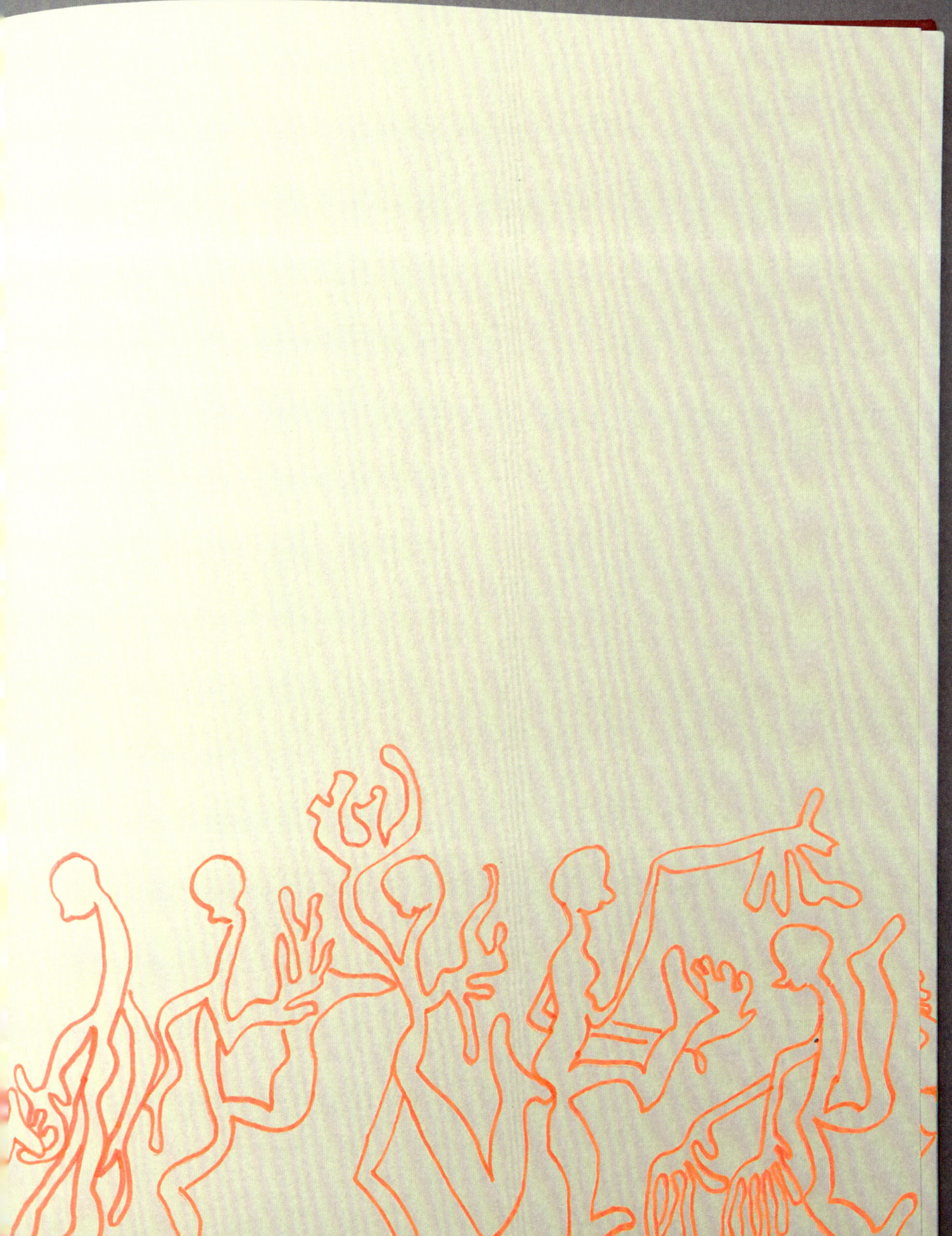

SKBR-078, 079

158 | 159

SKBR-080, 081

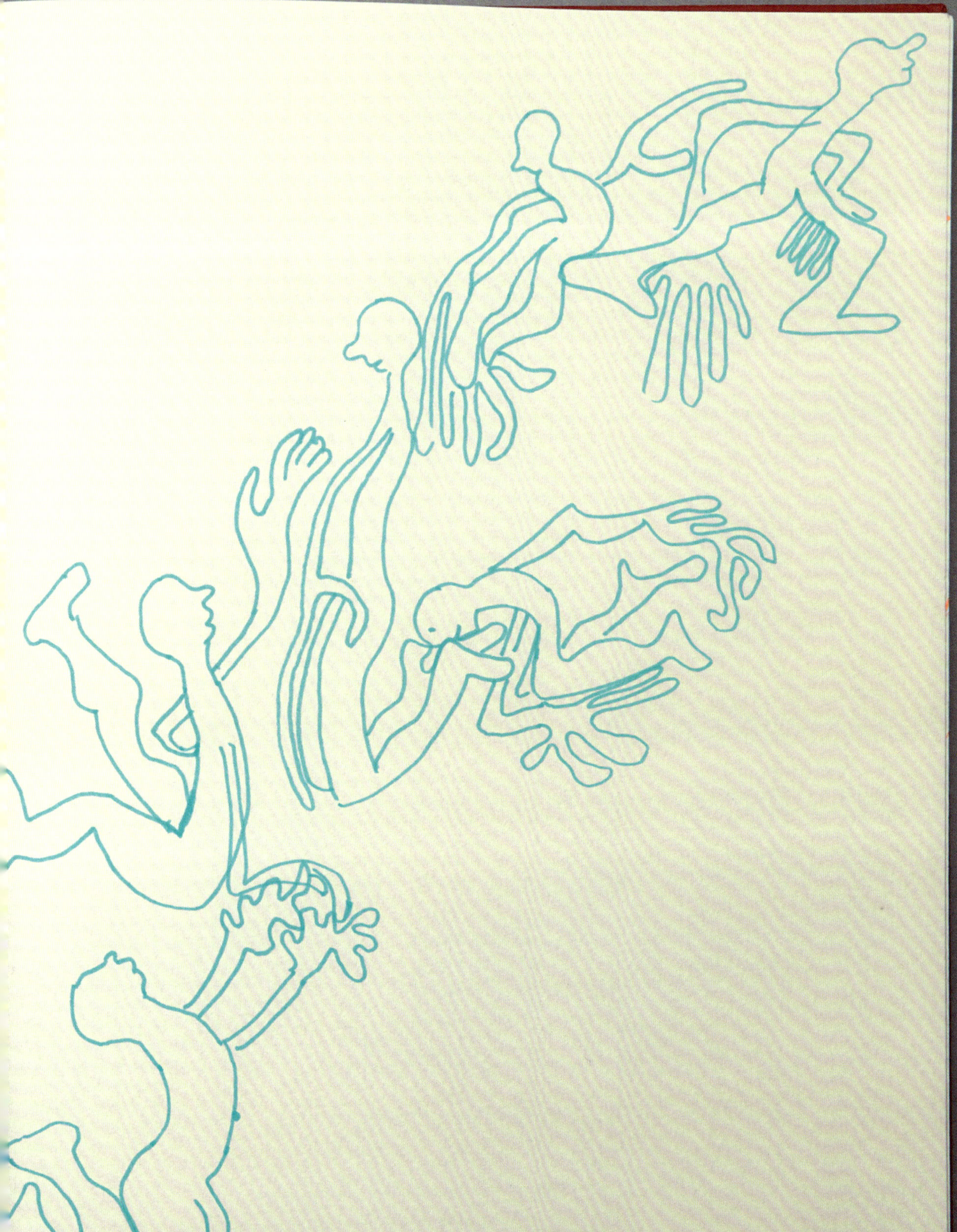

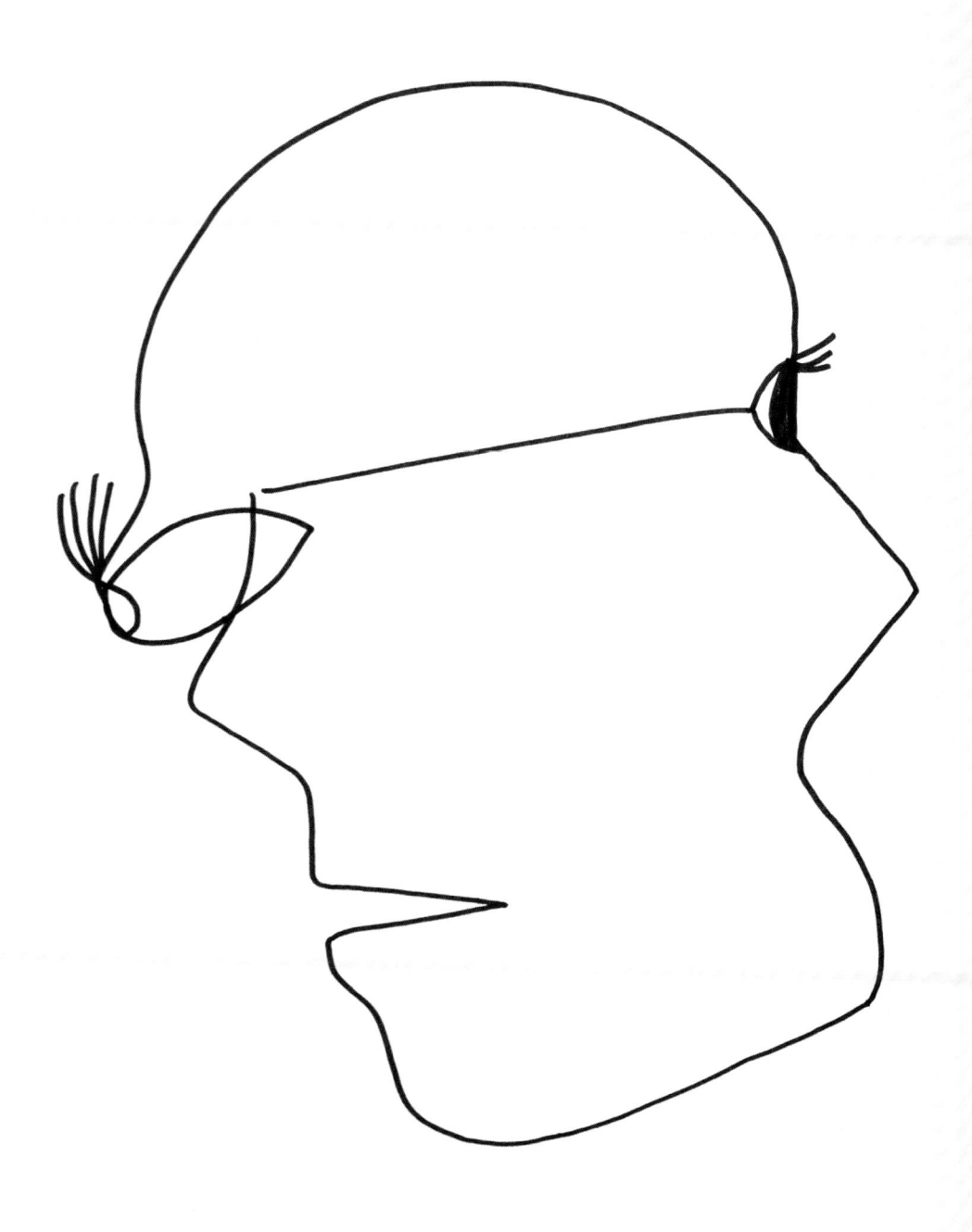

"Reden & Schweigen"

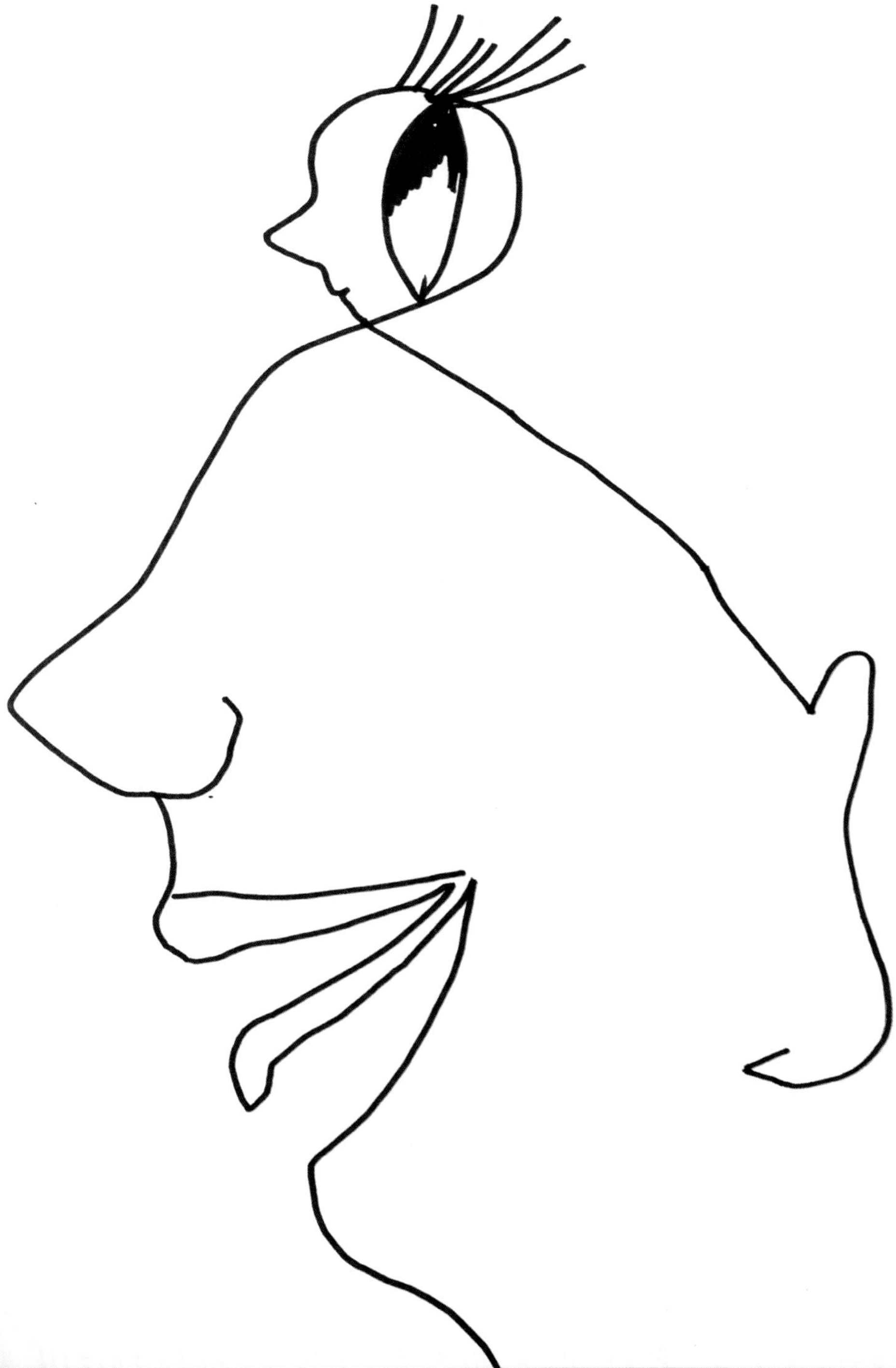

SKB04-078, 079

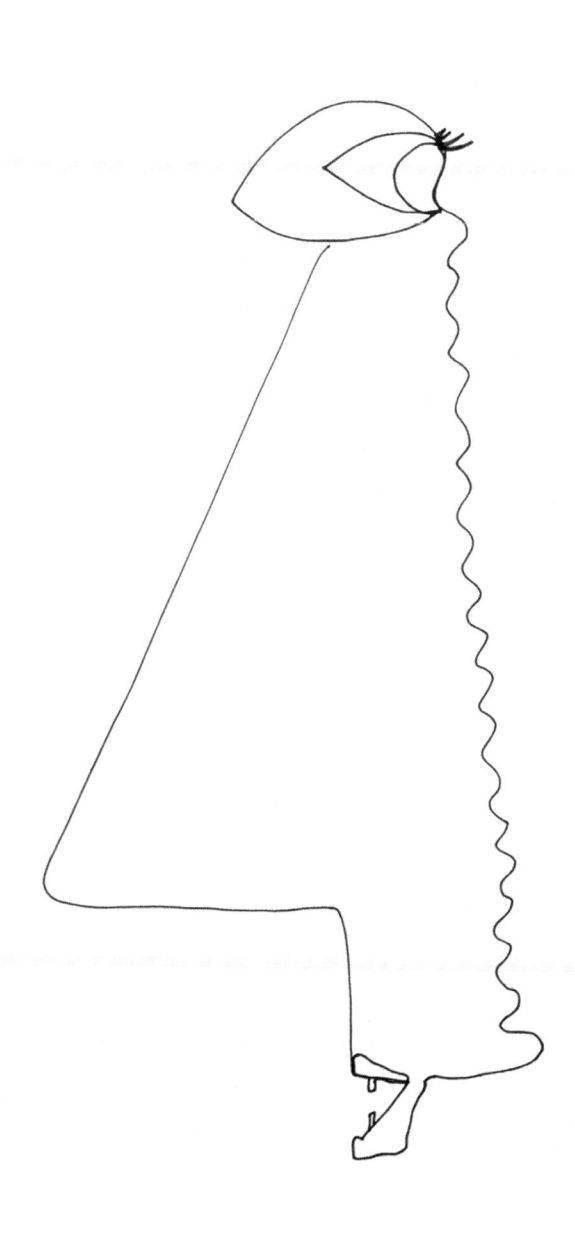

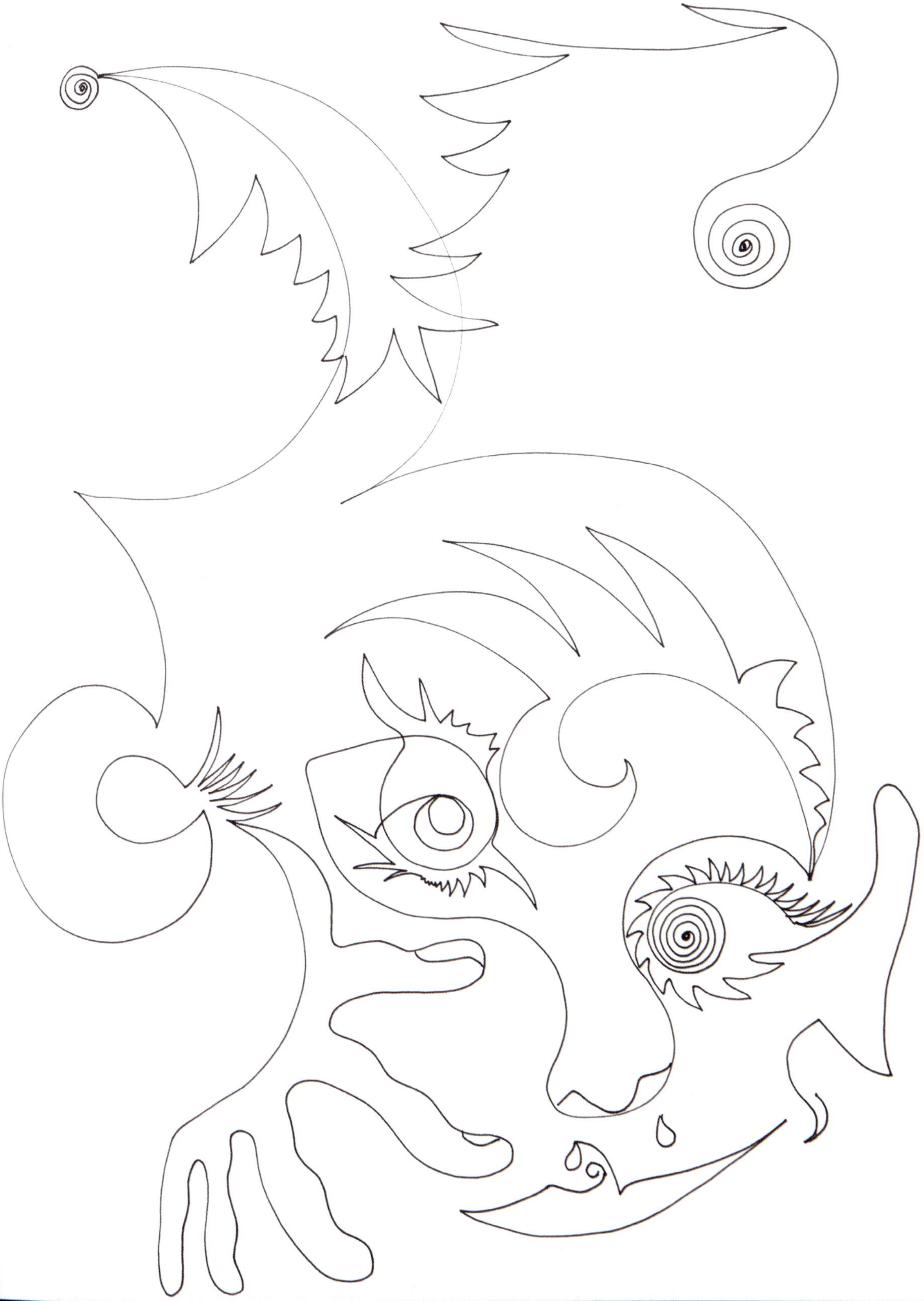

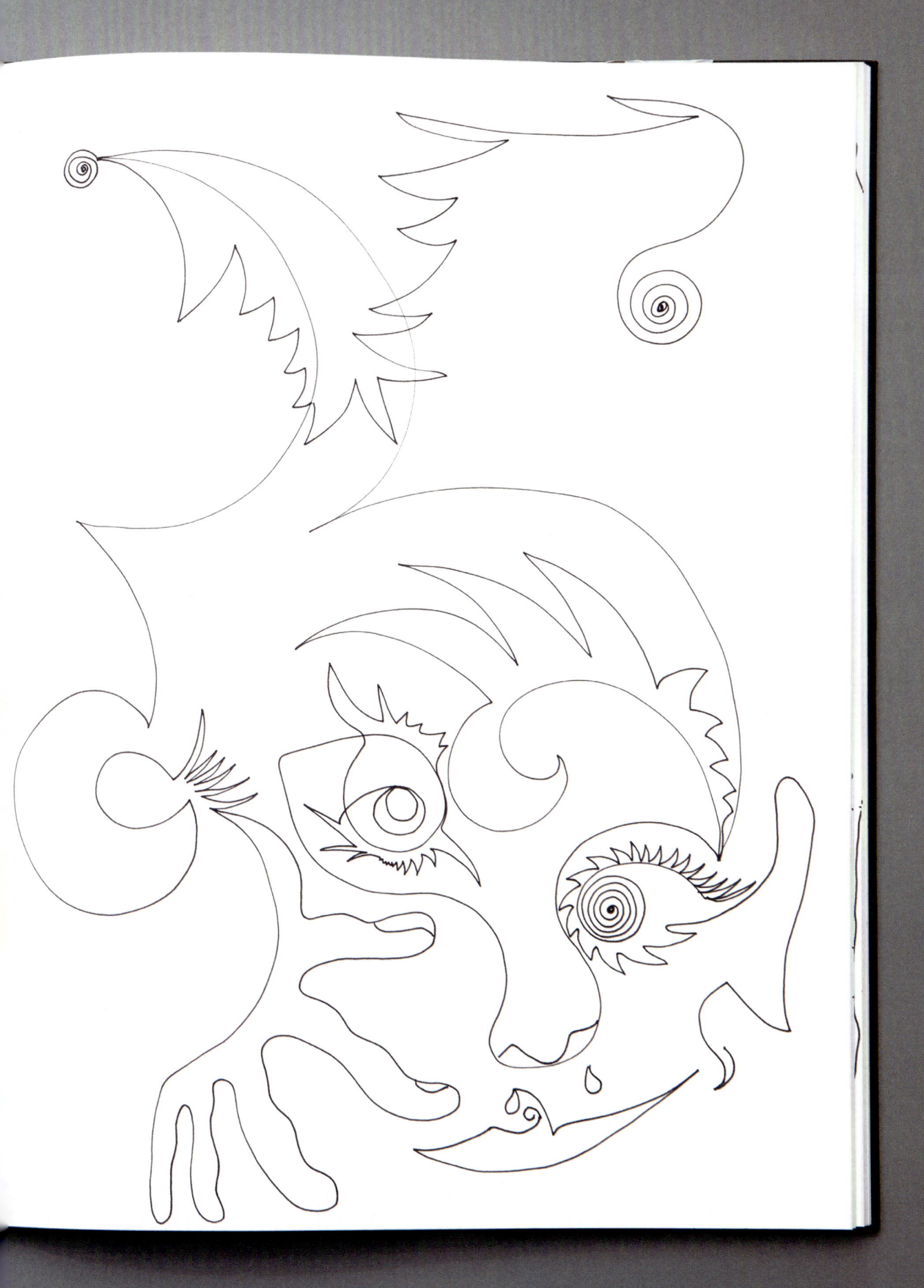

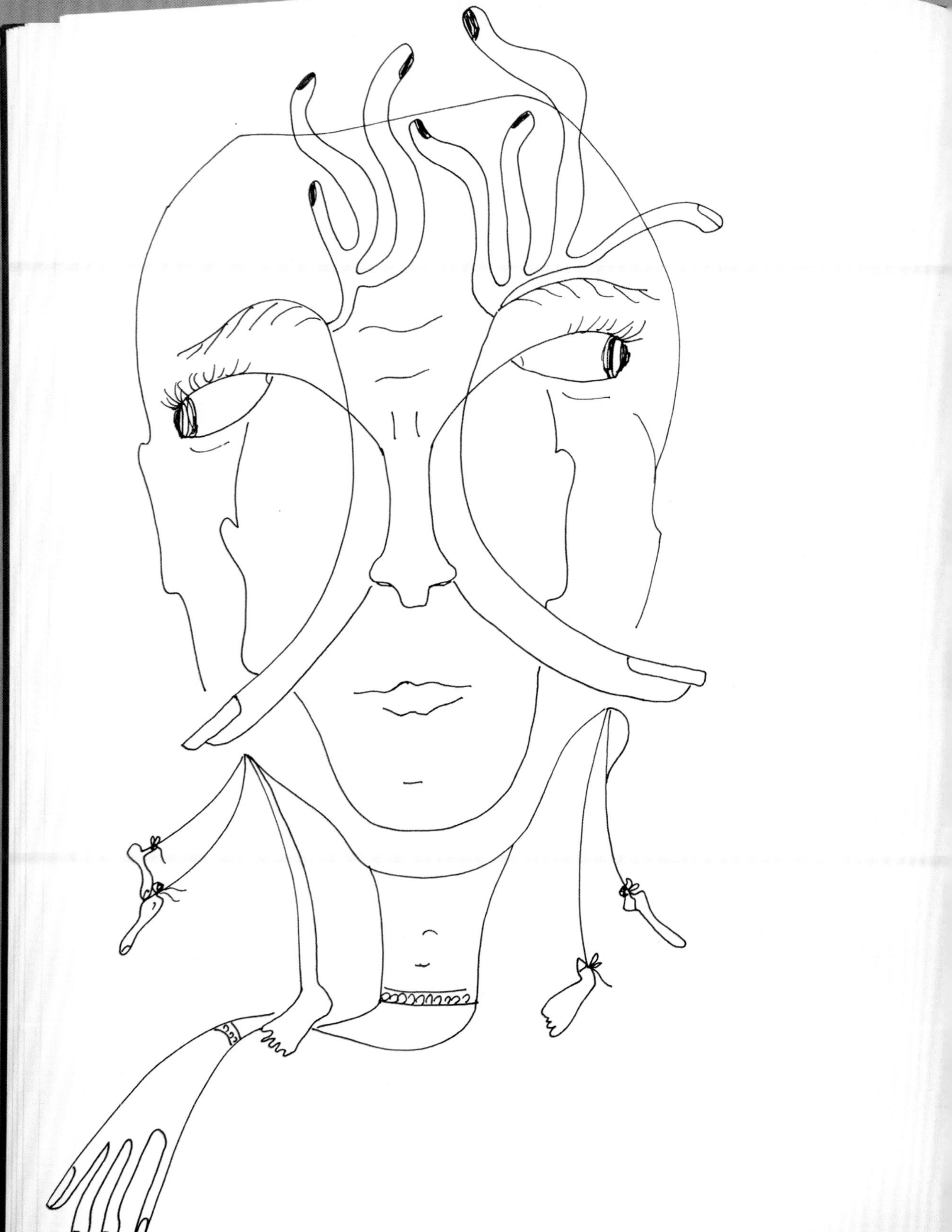

SKB03-072, 073

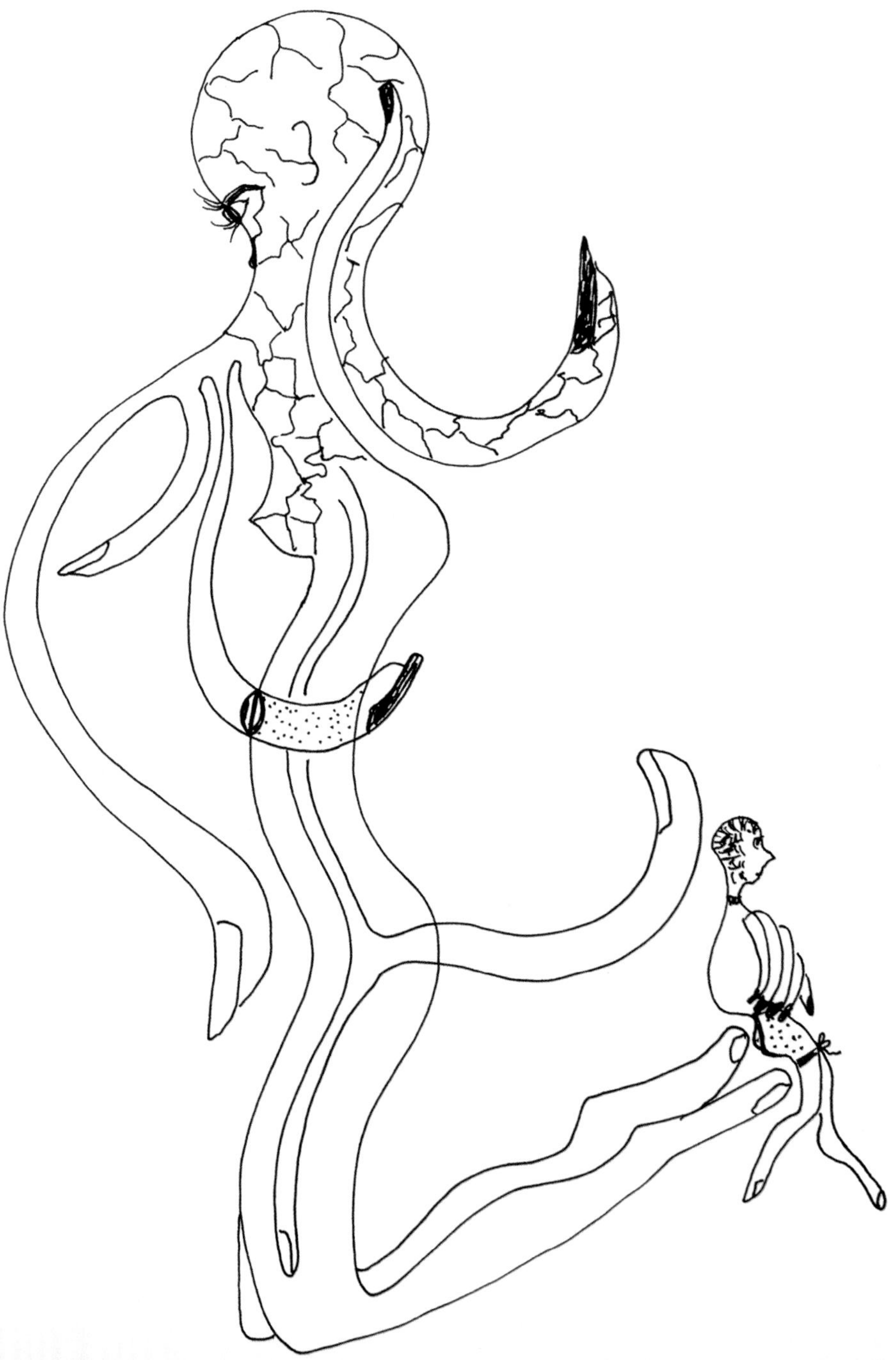

Blade - The Daywalker. mit: Wesl...

Schneips

SKB05-066, 077

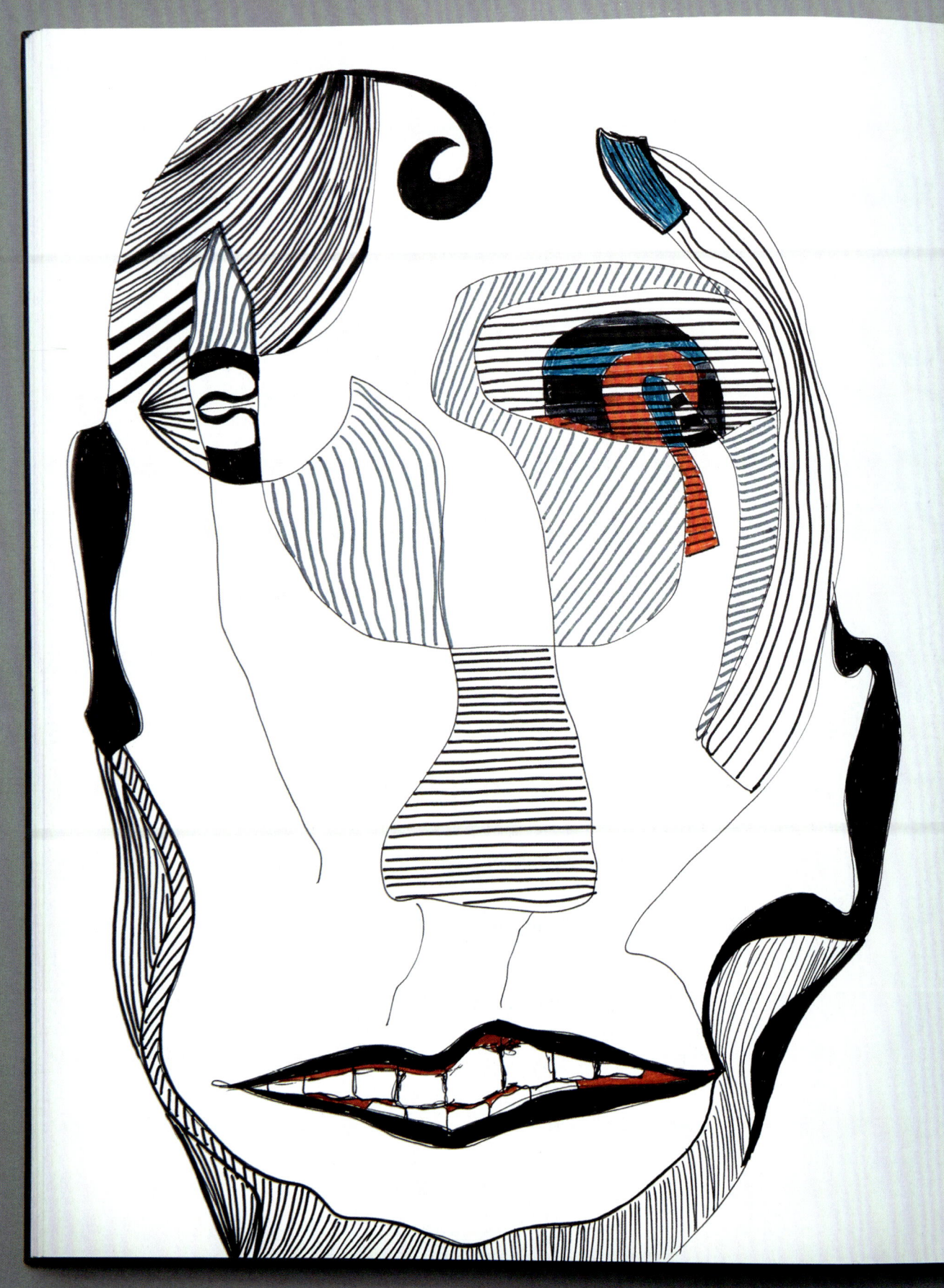

That's me

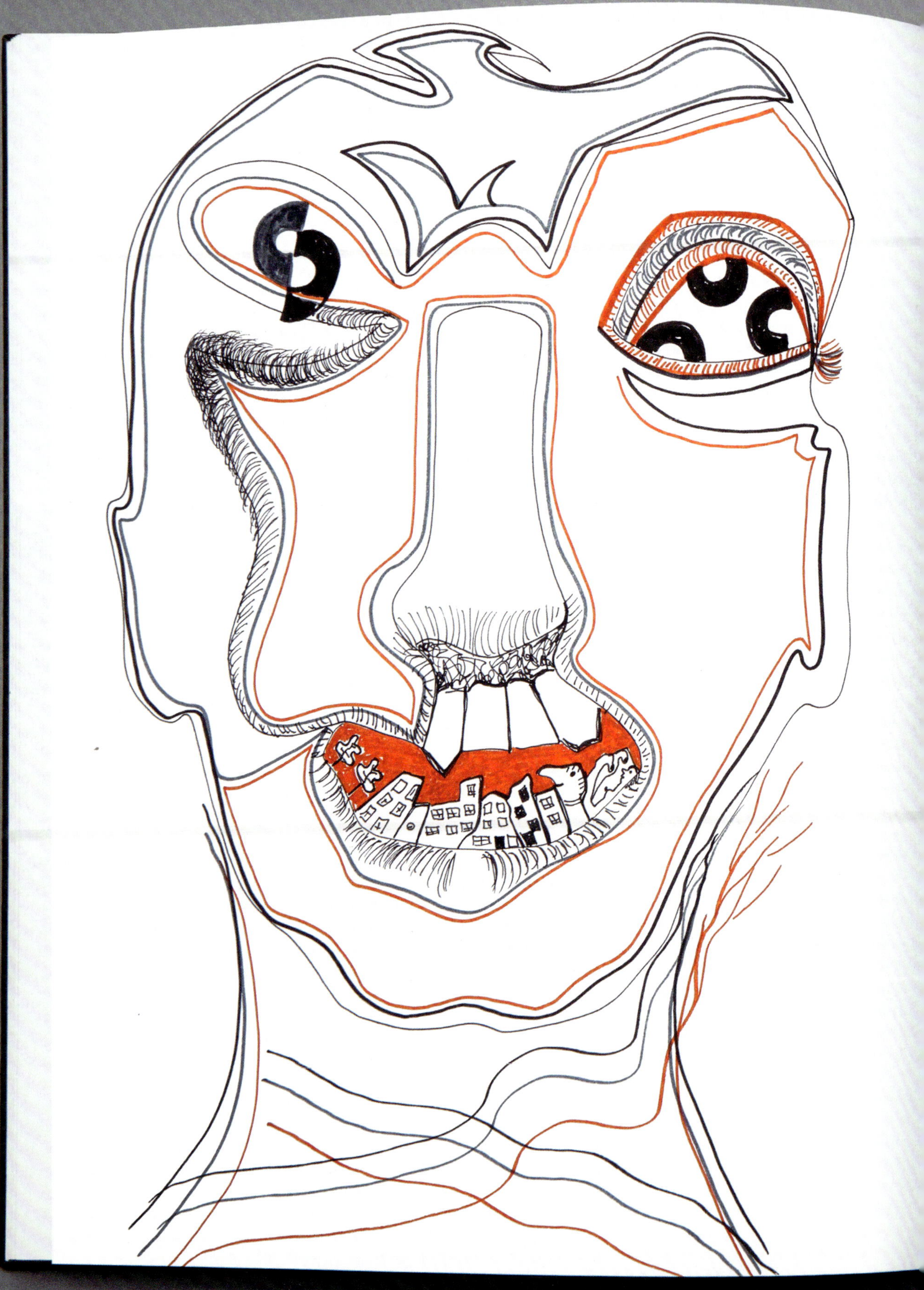

SKB05-060, 061

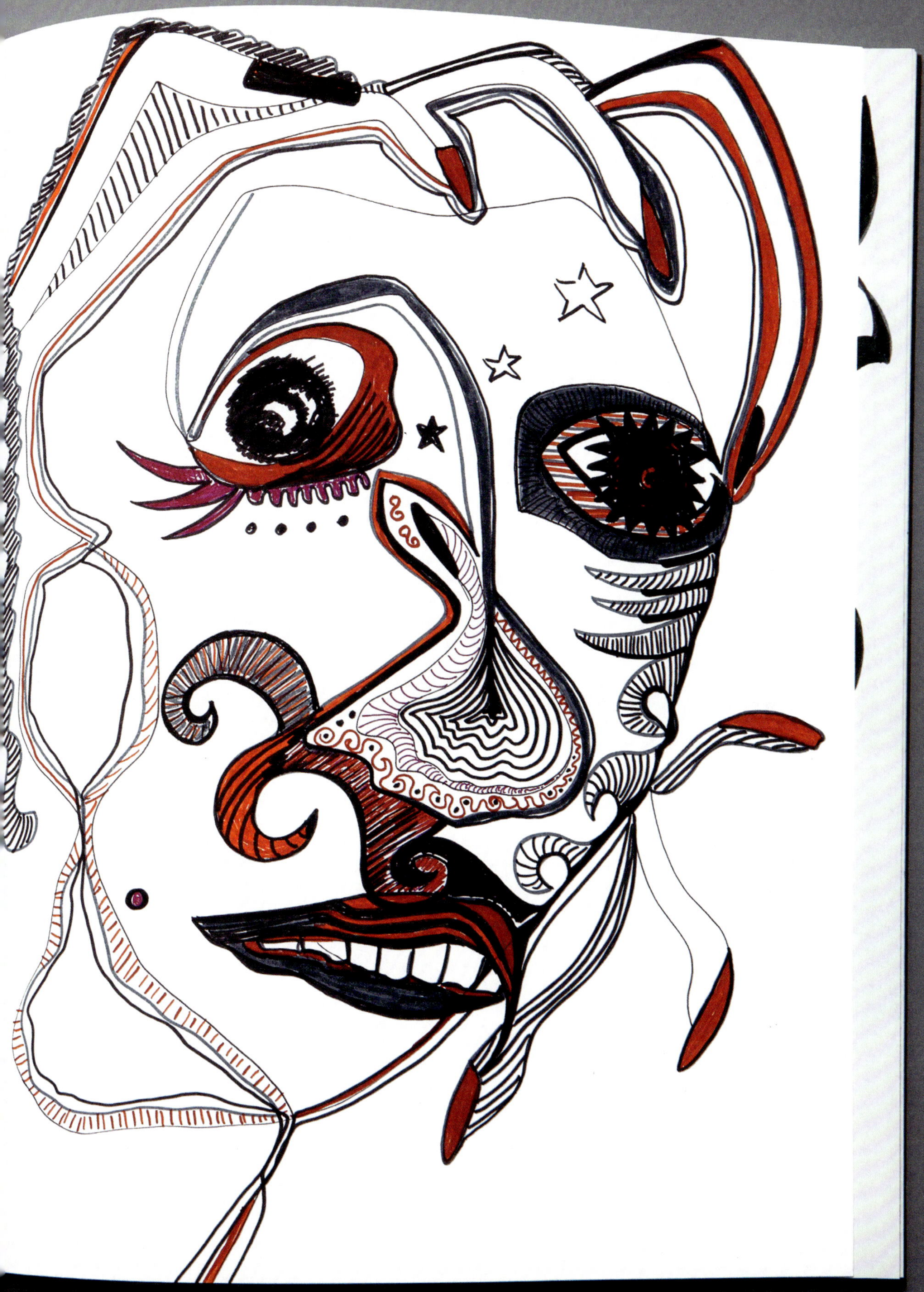

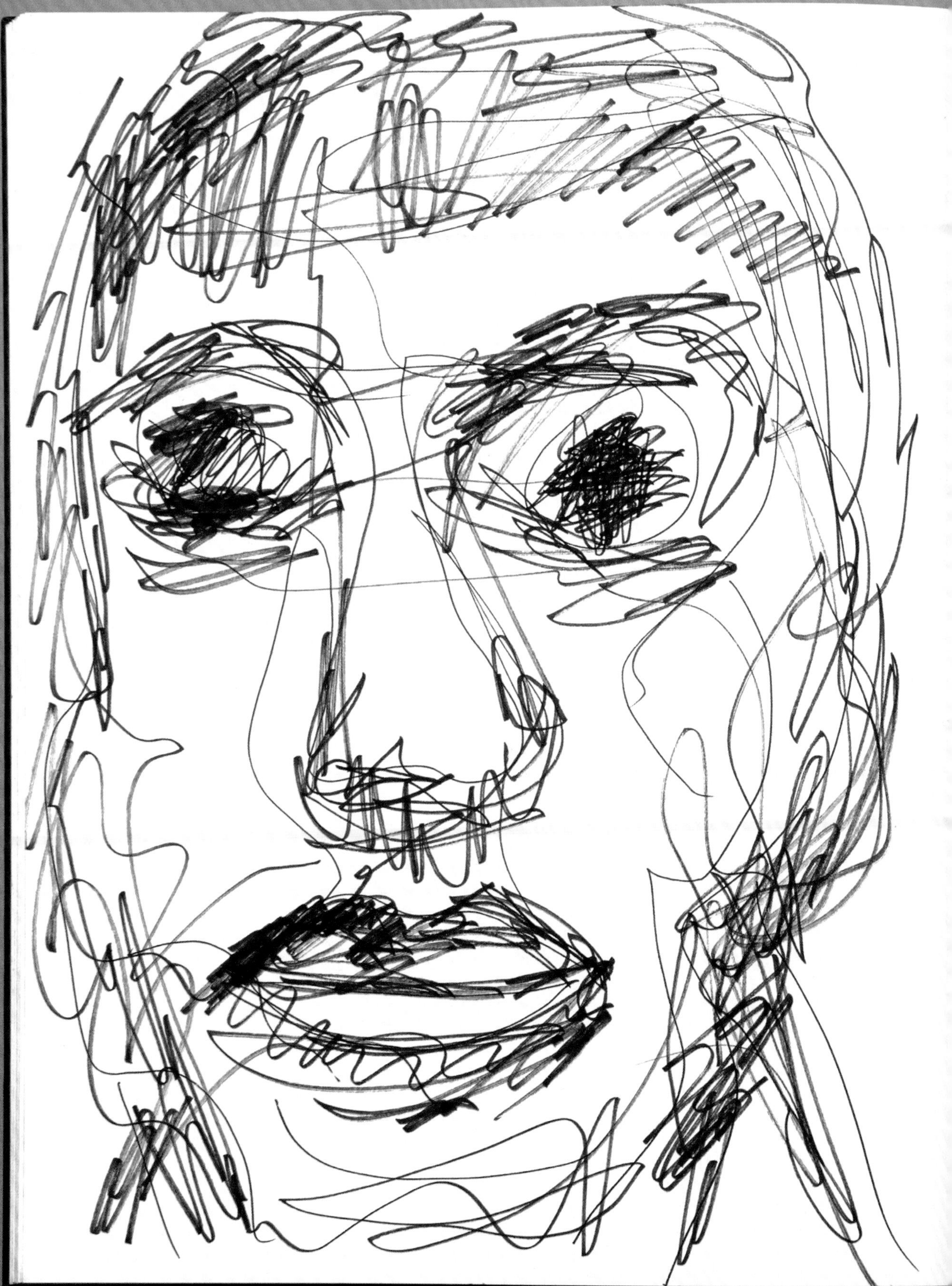

SKB05-074, 075

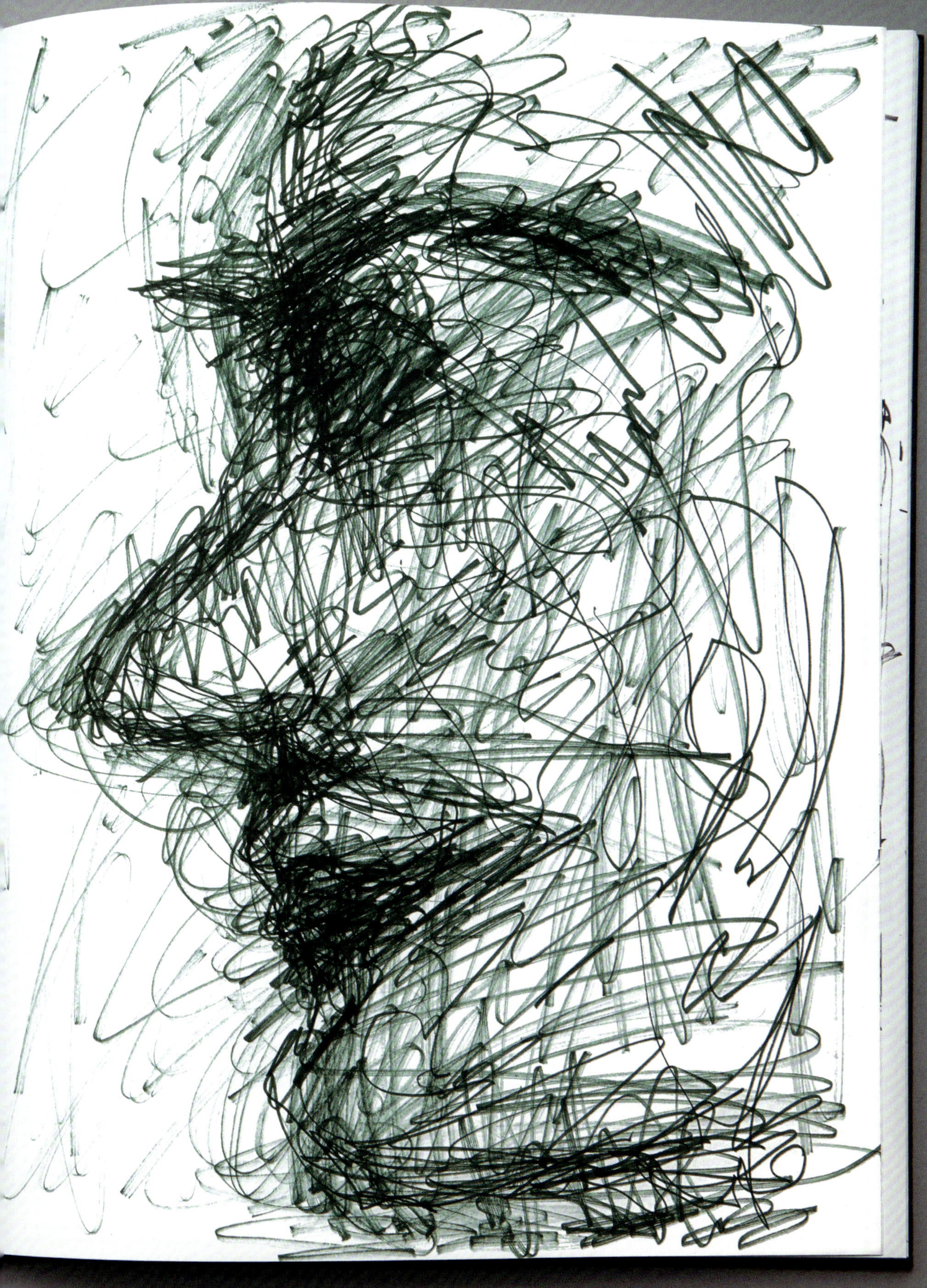

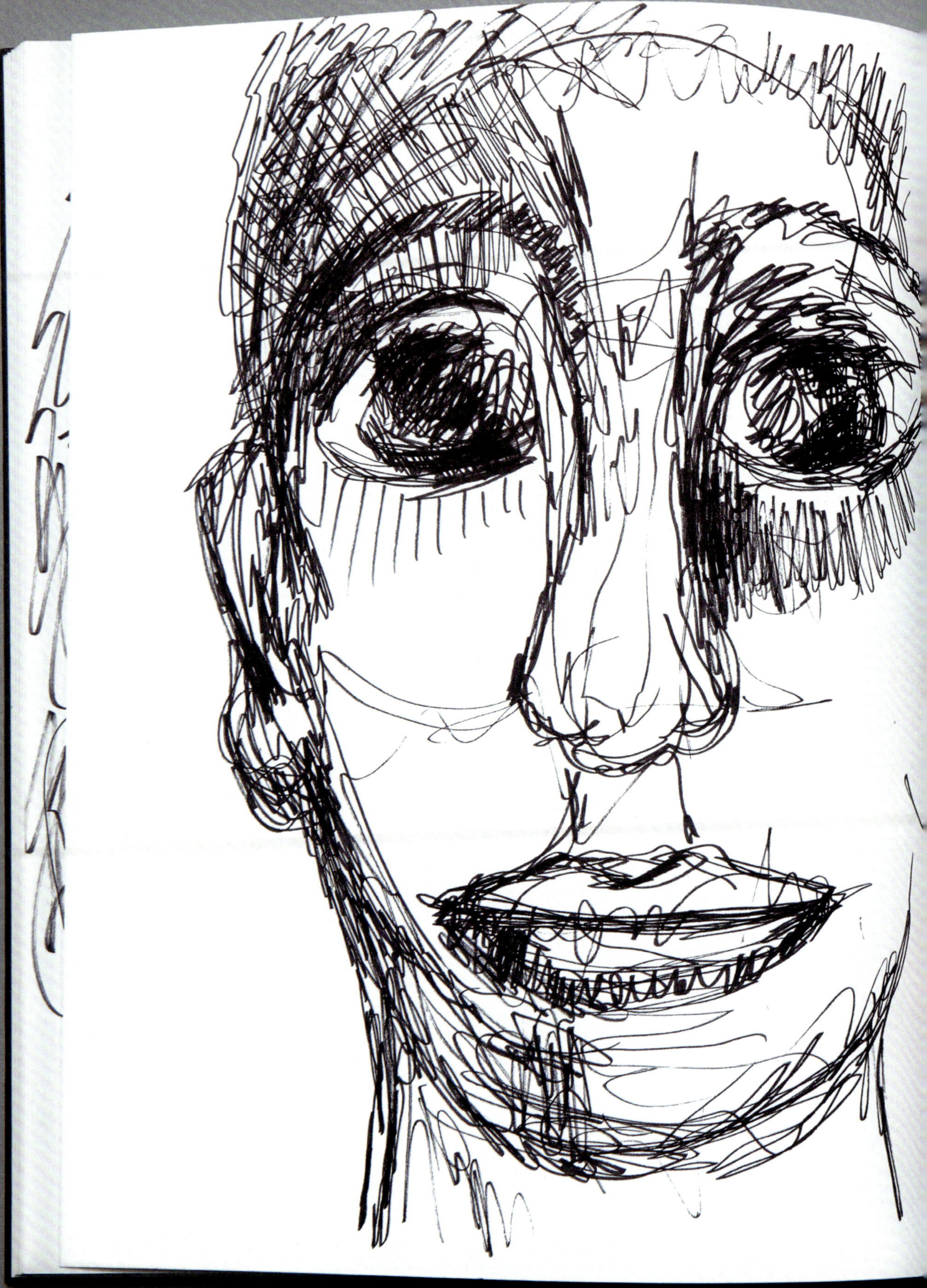

SKB05-076, 077

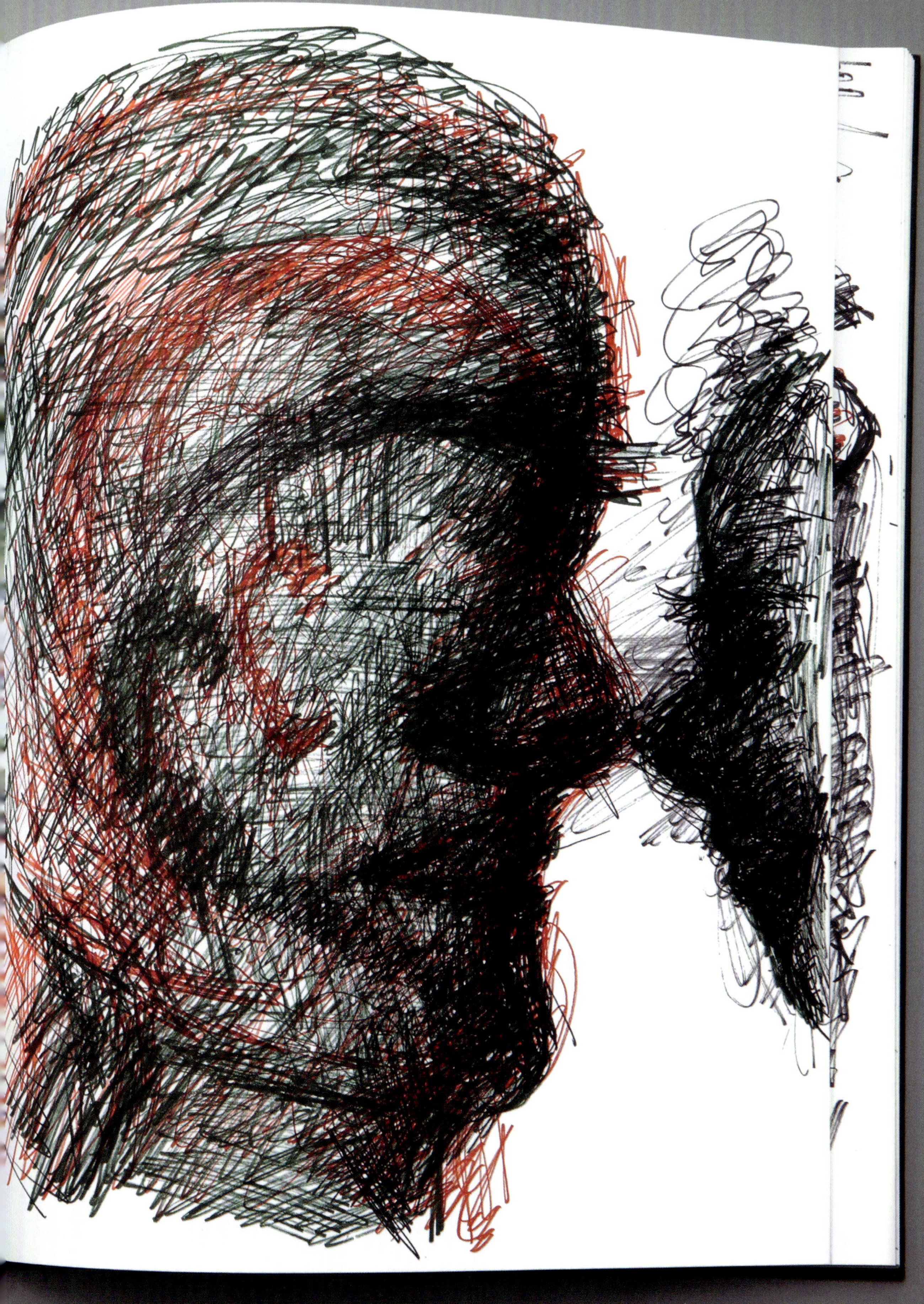

Zeichenblock, Rückseite ZB01-027

selbst

... ganz groß geschrieben
oder FRAGEN?
any Questions?

Ich laufen
nein

backt der Papst Karoller kann an backen
persönlich kann

Frage meine Mutter
407731

natürlich

TAG GERADE Baste!

12,536
24,106

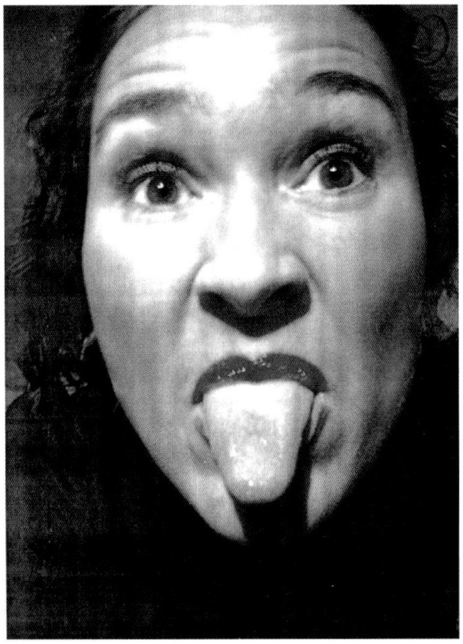

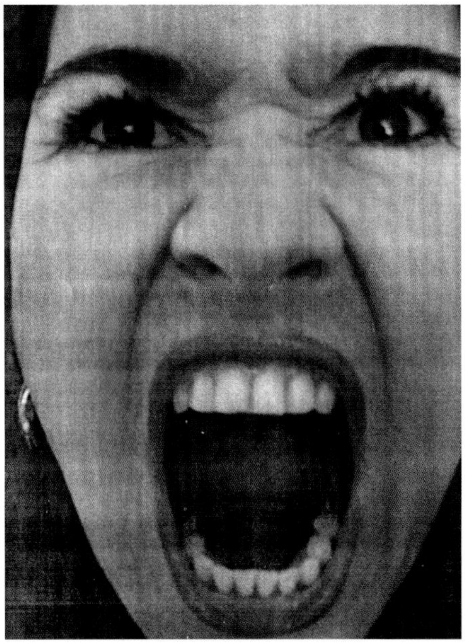

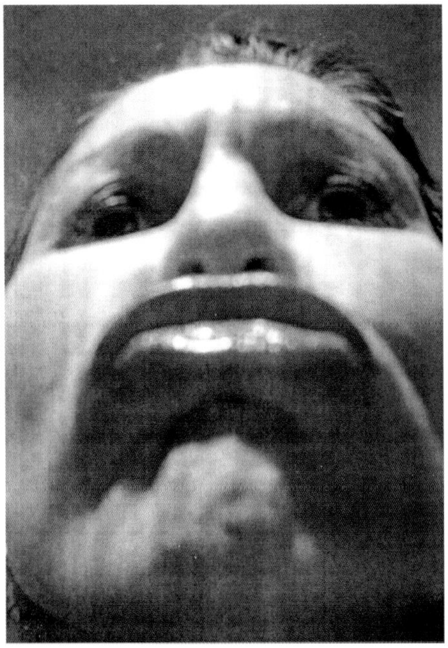

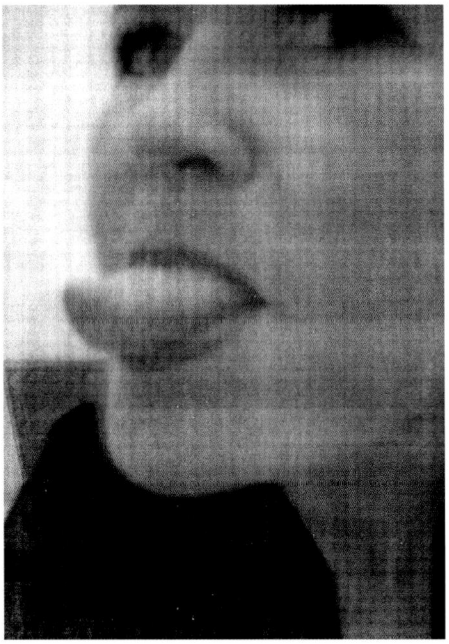

Vera Laros Biografie

Geboren am 20.11. 1967 in Düsseldorf,
Tochter von Brunhilde Moll und Dr. Klaus Laros

1974 – 1978	Grundschule Kaiserswerth
1978 – 1987	Max-Planck-Gymnasium, Düsseldorf
1977	Abitur
1987 – 1994	Studium der Betriebswirtschaft an der Westfälischen Wilhelms-Universität, Münster
1994	Diplom
1994	Reise nach Portugal
2000 – 2018	Atelier in Düsseldorf
2003 – 2009	Studium an der Freien Kunstakademie Rhein/Ruhr, Essen und Krefeld bei Veit Stratmann
2007	Reise in die Türkei
2007	Teilnahme an einer Ausstellung im Bezirksrathaus Köln-Lindenthal
2009	Reise in die Türkei
2010	Reise nach Ägypten
2011 – 2018	Arbeit als freie Künstlerin in Düsseldorf und Berlin

Gestorben am 4.12. 2018

Acryl auf Leinwand, 150 x 150 cm, LW015

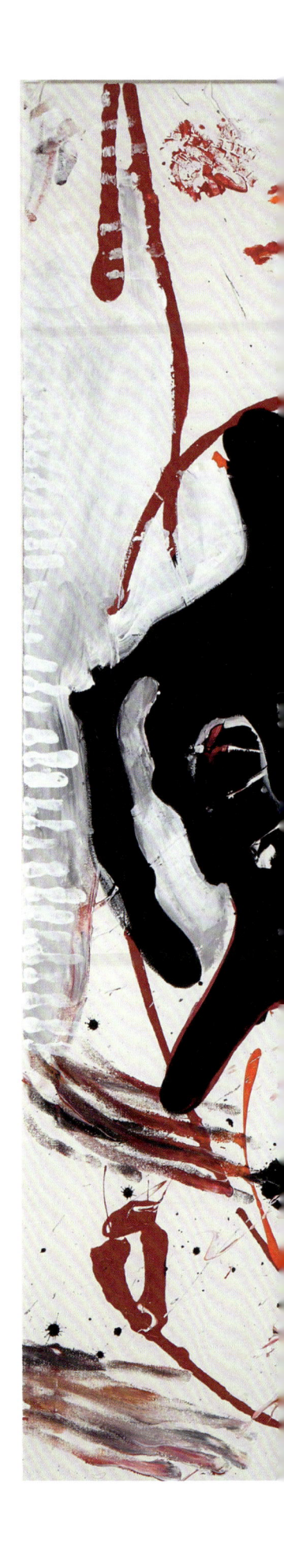

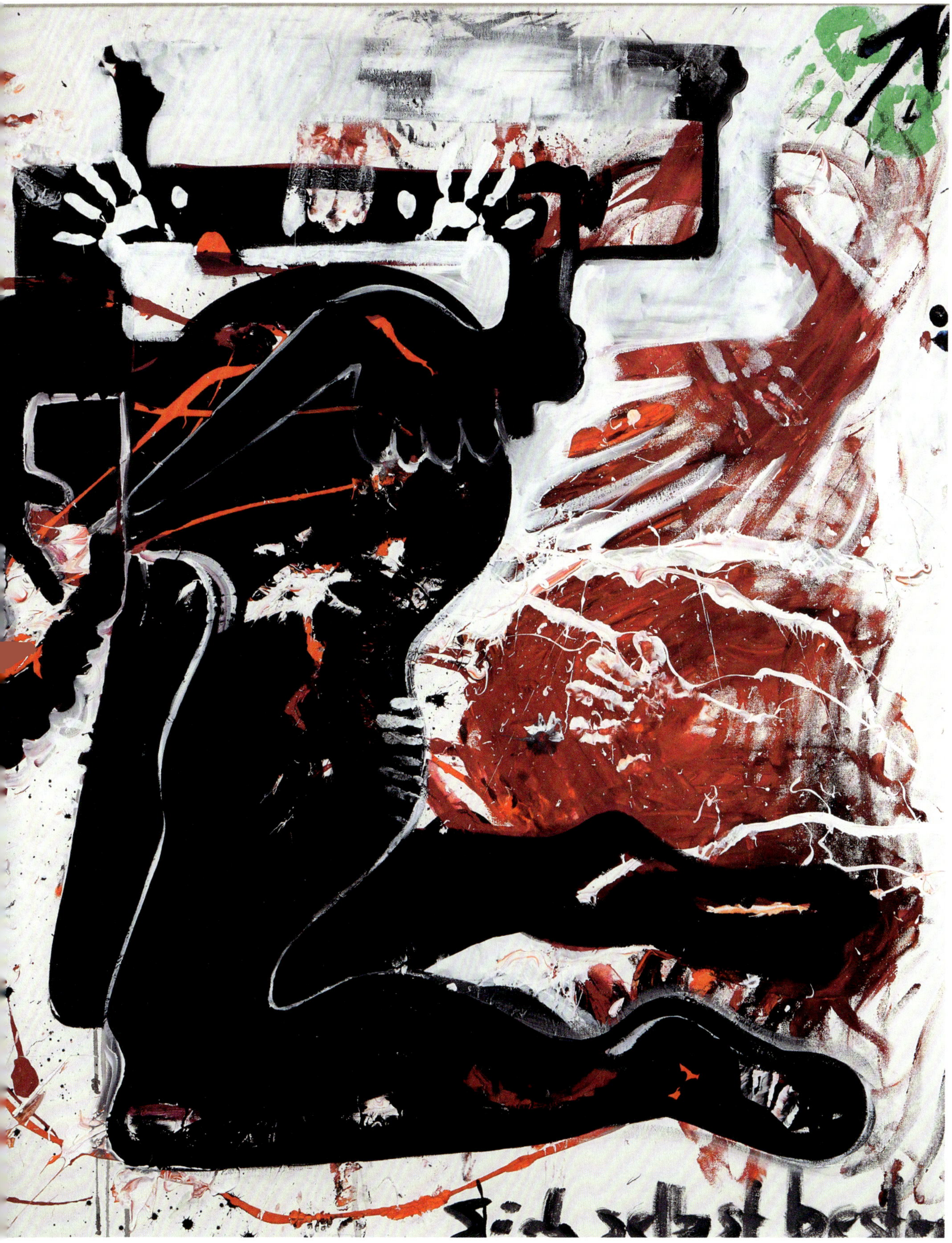
Sich selbst

Impressum **Dank**

Diese Publikation erscheint anläßlich der Aufarbeitung des künstlerischen Nachlasses von Vera Laros

Herausgeberin
Brunhilde Moll

Auf Initiative von
Elmar Joeressen

Idee und Konzept
Elmar Joeressen
Peter Ripka
Anke Volkmer

Autoren
Dr. Barbara Korell
Ärztin und Psychotherapeutin

Anke Volkmer M.A.
Kunsthistorikerin

Dr. Gerhard Finckh
Direktor des Von der Heydt-Museums i.R.

Gestaltung
GuteArbeit - Design von Peter Ripka

Lektorat
Susanne Ruprecht

Fotonachweise
© Alle Fotografien von Manos Meisen, Düsseldorf
Ausnahmen:
© privat:
S. 2, 4, 8, 14 unten, 139, 172, 21

Copyrightvermerke
S. 118, Bruce Nauman, *Heads Circle*
    © VG Bild-Kunst, Bonn 2021
S. 124, Jürgen Klauke, *Augenblick*
    © VG Bild-Kunst, Bonn 2021
S. 125, Max Ernst, *Der Surrealismus u.d. Malerei*
    © VG Bild-Kunst, Bonn 2021
S. 126, Joan Miró, *L`adultére*
    © Successió Miró 2021/ VG Bild-Kunst, Bonn 2021
S. 128, Daniel Richter, *Babylon Disco*
    © VG Bild-Kunst, Bonn 2021
S. 137, Francis Bacon, *Head VI*
    © The Estate of Francis Bacon.
    All rights reserved / VG Bild-Kunst, Bonn 2021

Bildvermerke
Schutzumschlag; Vorderseite:
o.T., Acryl auf Leinwand, 150 x 140 cm, LW013
Schutzumschlag; Rückseite:
o.T., Acryl auf Leinwand, 80 x 60 cm, LW163

Gesamtherstellung
Druckerei Kettler, Bönen
Erschienen im:
Verlag Kettler, Dortmund
www.verlag-kettler.de
ISBN 978-3-86206-883-8
© bei den Autoren und dem Nachlass Vera Laros 2020

© Verlag Kettler

Bibliographische Information
Die Deutsche Nationalbibliothek verzeichnet diese Publikation in der Deutschen Nationalbibliographie; detaillierte bibliographische Angaben sind im Internet über portal.dnb.de abrufbar.

Dieses Werk einschließlich aller seiner Teile ist urheberrechtlich geschützt. Sämtliche Arten der Vervielfältigung oder der Wiedergabe dieses Werkes sind ohne Zustimmung des Urhebers nicht zulässig und strafbar. Dies gilt für alle Arten der Nutzung, insbesondere den Nachdruck von Texten und Bildern, deren Vortrag, Aufführung und Vorführung, die Übersetzung, die Verfilmung, die Mikroverfilmung, die Sendung und Einspeicherung und Verarbeitung in elektronischen Medien. Zuwiderhandlungen werden verfolgt.

Kontakt: atelierlaros@icloud.de

Dank
Besonders danken wir Frau Brunhilde Moll. Ohne sie wäre diese Veröffentlichung nicht möglich gewesen.

Für die Unterstützung während der Katalogarbeiten danken wir herzlich:

Johannes Döring
Hiltrud Hassemer
Dr. Christiane Hoffmans
Dr. Matthias Korell
Werner Maas
Eckhard Mauritz
Liline Meisen
Dr. Dirk Werner Rosenbaum
Markus Schiller
Ingrid Trantenroth-Scholz
Veit Johannes Stratmann